VUCAの時代を生き抜く
力を育む

未来の「学び方」

Apple Distinguished Educator
岳野公人 編著

明治図書

はじめに

　今，この本を手に取ってくださった方々の中には，現職教員の方やこれから教員を目指そうとしている方，そして現代の教育に関心がある方々が多いのではないでしょうか。この10年で，教育現場はめまぐるしい変化を辿っているのはご存知の通りです。「ICT」という言葉が存在感を増してきたと思いきや，教員の成り手不足が叫ばれ，「ブラック」という言葉が様々な場所で走り出しています。そのような状況の中，「探究」「情報」「AI」と新しい言葉が次々と教育現場で取り上げられるようになり，変化の速度も日に日に加速しています。きっとこのような環境の中，日々の授業に不安を抱えたり焦りを感じたりする先生方や，教員になることを躊躇している学生の皆さん，自分の子どもが通っている学校教育が気になる保護者の方々も多いのではないでしょうか。

　この本は，そんな皆さんの不安や悩みを取り除くためのヒントとなるよう，10名の ADE（Apple Distinguished Educator）が集まり，「頑張っている皆さんを応援するような本にしたい」というコンセプトを掲げて誕生しました。そのため，いろいろなところで ICT に関わる言葉が登場します。だからといって，何がなんでも毎時間 ICT を使って授業をすることを推進しているわけではありません。詳しくは，これから登場するいろいろな話を読んでいただくとおわかりになると思います。子どもたちの未来を考えた時，要所要所でICT ツールを使うことは当たり前であり，特別でないことは皆様も想像の通りではないでしょうか。すでに ICT ツールは，現代を生きる我々にとって必要不可欠なツールとなり，スマートフォンをはじめ，それらを使わない日はもはや考えられなくなってきています。

　もちろん，日々の授業や学校生活で様々なデジタル端末が活用されるのも当たり前になっており，１人１台端末整備を掲げた GIGA スクール構想により，いよいよ日本の教育も世界の時代の流れに追いつくことができました。

しかしながら，その流れの重要性に気づいていても，これまでの方法を大切にするあまり，現代の流れに少し目を背けてしまっている人がいるという現実も理解しています。そのため，読者の皆さんの中には，挑戦したい企画を躊躇したり，なかなか変わっていかない現実にもがき苦しんだりと，心が折れてしまいそうな方も多いのではないでしょうか。そのような環境下では，きっと1人1台配られた端末も十分に活用されていない現状も多いはずです。そして，何よりも学校という組織が旧体制のまま，なかなか変革されていかないのではないでしょうか。

しかし，この本を手に取っている皆さんは，学校教育の現状に問題意識をもち，どのようなことがこの本の中に書かれているのか気になったというその時点で，未来の教育を変えられるキーパーソンなのです。

この本では，そんな皆さんをしっかりと応援できるよう，直面しているありとあらゆる問題に対応するために，「公立」「私立」「男性」「女性」「年齢」「地域」等に囚われない，様々な実践や考え方を紹介しています。裏を返せば，どんな状況下でも子どもたちの未来のために前を見て，取り組んでいる方々がたくさんいらっしゃるということでもあります。もちろんここに登場するADEではなくとも，「子どもたちの未来のために」とやる気に満ち溢れ，挑戦されている方々はたくさんいらっしゃいます。そして，今この本を手に取って読まれている皆さん自身も，きっとその「仲間」のはずです。

今回，登場しているADEも，皆さんが今感じているような同じ悩みを抱えながら，日々の授業を振り返り，さらなる挑戦をしては反省し，これを何度も繰り返されているのです。時代のニーズ，学校のニーズ，子どものニーズ，保護者のニーズなど，様々なニーズを踏まえた授業を展開するのはなかなかハードなものです。少なくとも私は，毎日完璧な授業で文句なしと言えるようなスーパーティーチャーではありません。今回実践や考え方を紹介している先生もまだ完成形ではなく，試行錯誤を繰り返しながら挑戦し続け，世間の常識と学校の常識のギャップをなんとかしていきたいと考えている段階です。

はじめに

　この本を読まれた後，皆さんが同じような実践に取り組んでみようと思っていただけたらもちろん嬉しいですが，それ以上に「明日からまた頑張ろう」と前を向いていただけたら幸せの極みです。なぜなら，子どもたちのための未来の教育を考えた時，まずは子どもたちを未来へと導くための，変化に柔軟な先生の存在がとても大切だと考えているからです。そして，そのような先生方がチームとなり，常に現状に満足することなく，未来をイメージして新しい手法を模索し，率先して時代の先を進んで行くことで未来は変えられると信じています。そのためにもまずは，皆さんの周りにいらっしゃる仲間を探し出し，「未来の教育」についてざっくばらんに語り合うことから始めてみませんか。今この本を手に取った皆さんが私たちの「仲間」であるように，皆さんのすぐ近くにも実は「仲間」がいるのかもしれません。

　「未来の教育」とは，結局のところ様々な視点によって，多様な捉え方ができると思います。ただ，おこがましい言い方かもしれませんが，未来を生きる子どもたちのために，本当に今のままの教育でいいのかと問い続けなければならない責任が，私たち大人にはあるのではないでしょうか。つまり，真摯に子どもたちの未来のことを考えているからこそ，このままでいいのだろうかと自問自答し，授業の試行錯誤を積み重ねていくのだと思います。教員が授業づくりでトライアンドエラーする姿を子どもたちに見せてこそ，子どもたちも失敗しても挑戦し続けることに意義があると考えられるようになるのではないでしょうか。そして，その結果，子どもたちの大きな成長につながっていくのだと思います。だからこそ，今の状況に負けずに，子どもたちの未来のために，一緒に前を向いて取り組んでいきましょう。この本を手に取って，気になってくださった皆さんのような方が，リーダーシップを取って学校改革を行った時，子どもたちのたくさんの笑顔がどれほどまでに素晴らしいのか楽しみで仕方ありません。

2024年8月

大和田　伸也

CONTENTS

はじめに ……………………………………………………………………… 003

CHAPTER 01 未来を生きる子どもたちのために大切にしたいことを考える
滋賀大学　岳野公人

1 3つの未来観 ……………………………………………………………… 012

2 「未来の学び方」を考えるための5つの視点 ………………………… 014

　視点1　学びの楽しさを味わう ………………………………………… 015

　視点2　21世紀型スキルを獲得する …………………………………… 016

　視点3　創造性を身につける …………………………………………… 017

　視点4　探究・プロジェクト型に取り組む …………………………… 018

　視点5　教師の役割，教育の価値観を見直す ………………………… 019

3 それぞれの「未来の学び方」授業実践 ………………………………… 020

4 一研究者として考えること ……………………………………………… 021

CONTENTS

CHAPTER 02 Apple Distinguished Educators の「未来の学び」実践集

Part0 「学校」とはどんな場であるべきか？

Ⓐ 人生を豊かにするための場 024

Ⓐ 自分と対話できる場所 025

Ⓐ つなぐ場・つながる場 026

Ⓐ 多様な考えにふれ，対話を繰り返し，幸せになる力を身につける場 027

Part1 立教小学校 石井輝義

Q 「未来の学び」をつくるために必要なことは？ 028

Ⓐ 学校の当たり前を問い直すこと

実践1 6年・総合的な学習の時間（情報）
DQ World から学ぶデジタル・シティズンシップのまとめ直し 030

実践2 3年・総合的な学習の時間（情報）
SDGs について考えてみよう 034

Column 「教えられる」「教える」から「学ぶ」への転換 ／038

Part2 森村学園初等部 榎本 昇

Q 「未来の学び」をつくるために必要なことは？ 040

Ⓐ 発想のシフトチェンジ

実践1 4年・社会・総合的な学習の時間
誰かの役に立つアプリをつくってみよう 042

実践2 5年・国語・音楽・図画工作・総合的な学習の時間
身近にあるユニバーサルデザインを紹介しよう 046

Column 未来の学びと思いやりの関係性 ／050

Part3　郡山ザベリオ学園小学校　大和田伸也

Q 「未来の学び」をつくるために必要なことは？ ……052
　Ⓐ　学ぶ楽しさを追求すること

実践1　1年・国語
　「くじらぐも」を実写化してみよう ……054

実践2　2年・国語
　物語文「スイミー」のデジタル絵本を制作しよう ……058

Column　子どもたちが主体的に学ぶための，環境づくり　／062

Part4　つくば市立春日学園義務教育学校　藤原晴佳

Q 「未来の学び」をつくるために必要なことは？ ……064
　Ⓐ　「やってみたい！」と思える創造力を大切に

実践1　特別支援・自立活動
　The Sun プロジェクト　チームに分かれて発表しよう ……066

実践2　4年・総合的な学習の時間
　今わたしたちにできることは…　学校のみんなにエコ活動をすすめよう ……070

Column　プロジェクトベースの学びでワクワクを広げる　／074

Part5　森村学園初等部　不破花純

Q 「未来の学び」をつくるために必要なことは？ ……076
　Ⓐ　教師がマインドチェンジを行い，ともに楽しむこと

実践1　1年・生活
　葉っぱの世界をグループで表現しよう ……078

実践2　1年・算数
　グループで考えたお話をもとに作品をつくろう ……082

Column　教師が楽しむ。マインドチェンジが新しい授業デザインを創る。　／086

CONTENTS

―――――― **Part6　近畿大学附属小学校　外山宏行** ――――――

Q　「未来の学び」をつくるために必要なことは？ ································088

　Ⓐ　生成 AI と向き合う態度を育み，関係をつくること

実践1　3年・国語

　　組み立てに沿って，物語を書こう＋α ····································090

実践2　3年・国語・総合的な学習の時間

　　物語の世界を生成 AI で創造しよう ····································094

　Column　子ども自身の学習や教科の学びに戻る生成 AI 活用の活動設計　／098

―――――― **Part7　瀬戸 SOLAN 小学校　荒谷達彦** ――――――

Q　「未来の学び」をつくるために必要なことは？ ································100

　Ⓐ　「基盤となる資質・能力」の育成

実践1　3年・総合的な学習の時間（国語×音楽×情報）

　　愛唱歌プロジェクト　SOLAN の特徴や願いを表す校歌をつくろう ·······102

実践2　4年・総合的な学習の時間（国語×理科×情報）

　　micro:bit で学校の困り事を解決しようプロジェクト ····················106

　Column　過去の経験が未来につながる　／110

―――――― **Part8　近畿大学附属小学校　塚本恵梨** ――――――

Q　「未来の学び」をつくるために必要なことは？ ································112

　Ⓐ　考えることを楽しむ力を育むこと

実践1　5年・社会

　　未来の自動車をデザインしよう ···114

実践2　6年・社会

　　歴史上の出来事を4コマ紙芝居で伝えよう ·····························118

　Column　それぞれの強みを生かした，考える場の設定　／122

Part9 熊本市教育センター 山下若菜

Q 「未来の学び」をつくるために必要なことは？ ……… 124

Ⓐ 学び続ける力を育成すること

実践1 教員研修・国語（4年）

ことわざや故事成語を動画にしよう ……… 126

実践2 教員研修・国語（2年）

つながりからお話を〝想像〟して〝創造〟しよう ……… 130

おわりに ……… 134

参考文献・資料一覧 ……… 138

執筆者一覧 ……… 140

CHAPTER 01

未来を生きる子どもたちのために大切にしたいことを考える

1 3つの未来観

未来に向けた「学び」とは

　日本に住む多くの人は，現在，未来に希望をもてているでしょうか？　経済では世界の競争に押され，国内の消費活動は停滞し，日本の競争力が危ぶまれているところです。一般的にはVUCA（Volatility（変動性），Uncertainty（不確実性），Complexity（複雑性），Ambiguity（曖昧性））と呼ばれる予測不可能な時代に突入し，どのような状況にも対応できるような汎用性の高い資質能力の獲得が重要であるといわれています。また様々なAIのサービスが増える中で，シンギュラリティー（AIがAIをつくり始める）の到来はすぐに訪れるそうです。このような時代を目前に，**我々大人を含めて今後，人はどのように働くのか，そのためにどのような資質・能力を身につける必要があるのか**，様々な議論が起こっています。この本でも，果敢にこの議論に挑みます。

　未来に向けた学びには，どのようなものがあるでしょうか。この本では，主に小学校に在籍する9名のADE（Apple Distinguished Educator）が「未来の学び」について提案しています。この本を手に取っていただいている皆さんも，一緒に未来の学びについて考えてみてください。

　ここでは，まず9名の実践者の考える「未来の学び方」について，3つの未来観と5つの視点で整理します。

3つの未来観

　今回「未来の学び」について提案している9名の実践者は，ADE として
よりよい教育をつくり出していくために全国で教育活動に関わる教育者たち
です。Apple のテクノロジーを教育に還元するために，定期的なイベントや
ワークショップ，研究会などを開催しています。ADE という組織は，世界
規模でのネットワークを構築し，グローバルな展開を見せています。また
Apple は，独自の教育哲学を展開し様々な教育プログラムを提案しており，
そのうちの『Everyone Can Create』は，本書でも具体的な授業例で登場しま
す。

　その他に，「ADE」をはじめ，「Apple Teacher」「Apple Distinguished School」
などの教員研修プログラムや組織づくり，小学校のプログラミング的思考に
関わる『Everyone Can Code』などの教材を提案しています。

　9名の実践者の提案する「未来の学び方」には3つの未来観があります。

　1つ目は，ADE として日々最新のテクノロジーを授業に取り入れる9名
の実践者がもつ未来観が示されています。9名の実践者は日々国内外の
ADE と交流を図り，様々な研修から自分自身の教育実践を日常的にアップ
デートしています。

　2つ目は，目の前にいる子どもたちへ示す未来観です。目の前の子どもた
ちに向けて，彼らが10年後を自分の力で生き抜くための基礎となる資質と能
力について，さまざまな具体的な授業方法などを示しながら，未来の学び方
を示してくれます。これから示す「未来の学び方」に学びを「楽しむ」とい
う視点があるように，未来のために，現在を犠牲にはしていません。

　最後に，新しい教育を取り入れることに苦労されている「先生方」へ示す
未来観です。明日からでも取り組むことができる具体的な授業方法を示す重
要な役割を担うことになると思います。

2 「未来の学び方」を考えるための5つの視点

　9名の実践者の実践には，5つの視点があります。それらは「学びを楽しむ」「21世紀型スキル」「創造性」「探究・プロジェクト」「価値観を見直す」の5つ（下表）です。

　「学びを楽しむ」は，学びの基盤として位置づけられます。「21世紀型スキル」はひと括りにしていますが，実践者の意図としては，子どもたちに身につけさせたいAIを含むテクノロジーとの関係性やコミュニケーション能力，自己と他者の関係性などが含まれています。「創造性」は，21世紀型スキルにも含まれるものですが，ADEのプログラムには，Creativityに関わる教育プログラムが多く含まれていることからも特徴が表れています。「探究・プロジェクト」は，学習指導の方法として教授型の対となる方法として，提案されています。「価値観を見直す」は，教師の役割を含めて，教育が変わっていくことも未来の学びには必要であることを示しています。

	大和田先生	外山先生	榎本先生	塚本先生	藤原先生	山下先生	石井先生	不破先生	荒谷先生
未来の学びに必要なこと	学ぶ楽しさの追求	生成AIと向き合う態度を育み，関係をつくること	発想のシフトチェンジ	考えることを楽しむ力を育む	やってみたい！創造力を大切にした学び	学び続ける力の育成	学校の当たり前を問い直す	教師がマインドチェンジを行い，ともに楽しむこと	「基盤となる資質・能力」の育成
ポイント①	学びの楽しさに立ち返る	生成AIと初等教育	激動の未来に必要な思いやり	自分軸で考える力，自分事に捉える力	子どもたちとともに先生もワクワクする学びを	「学ぶって楽しい！」を実感できる授業にアップデート	アウトプットを重視した学びへの転換	協働する力，創造する力	「未来を生きる」上で基盤となる資質・能力
ポイント②	子どもたちの振り返りのデータ化を忘れずに！	生成AIと自分	発想のシフトチェンジ	考える過程を大切にする	感情を大切に	教科を探究ベースの学習にシフトチェンジ	「教科」という枠組みの見直し	子どもとともに楽しむ	各資質・能力の重要性について

学びを楽しむ	探究・プロジェクト	創造性	21世紀型スキル	価値観を見直す

014

CHAPTER01　未来を生きる子どもたちのために大切にしたいことを考える

視点1　学びの楽しさを味わう

学ぶ楽しさ

　未来の学びに「学びを楽しむ」ことを組み込んでいる先生が5名います。学ぶことの楽しさを知ると，子どもたちは自然と学び始めます。これは，非常に有効な学びの取り掛かりだと思います。そこに「教師も楽しむ」ことをつけ加えてくれた先生もいます。**大和田先生は，「楽しむことは悪なのか？」と問うています**。私は，楽しむことで次があると考えます。次がなければ，学びは始まりません。このことからも，楽しむことは物事のスタートでもあり，ゴールでもあると考えています。

考える楽しさ

　「学びを楽しむ」ことのレベルは，刹那的な楽しみ，重厚な奥深い楽しみなど，人それぞれだと思います。塚本先生が掲げている「考える楽しさ」は，比較的重厚な奥深い楽しみに属するのではないかと思います。私は研究者として，考えるという時間は非常に楽しいものだと感じています。確かに，明確な解決策や新しいアイデアが生まれることは充実につながりますが，純粋にただ考えるだけでも十分に楽しい時間を味わうことができます。ただし，1人で長時間考え続けるのは相応のトレーニングが必要になるので，小学生段階では多くの実践者が取り上げているように，他者との対話，AIとの対話，モノとの対話が非常に有効だと思います。

015

> **視点2**

21世紀型スキルを獲得する

AIを含むテクノロジーとの関係性

　21世紀型スキルとは，テクノロジーの進歩が加速し予測不可能な時代に必要とされる問題解決能力，コミュニケーション能力，ICT活用能力などを指しています。榎本先生は，テクノロジーが進む先にも人が必ずいることを捉え，自己と他者に関わる部分で，「未来に必要な思いやり」という表現で他者を幸せにできるかを考えさせます。また複雑化する社会課題に対して個の力では対処することは困難であるなど，**未来の学びを超えた「未来の働き方」**について示唆に富んだものです。外山先生は，現段階では最新のテクノロジーといえる AI を積極的に授業で取り扱っています。生成系の AI を活用できると授業の幅も広がります。物語の挿絵をつくるという活動において，実際に絵を子どもたちが考えて制作するとすれば相当の時間がかかりますが，AI を適切に活用して実現しています。

基盤となる資質・能力

　荒谷先生は，予測困難なこれからの「未来を生きる」子どもたちにとってこそ，基盤となる資質・能力として，「言語能力，情報活用能力，問題発見・解決能力等」が必要であると提案しています。子どもたちの未来を生涯支える基盤になるということです。特に，問題発見・解決能力は21世紀スキルにも含まれ，プロジェクト型学習の必要性にもつながっています。

ワクワクの瞬間が始まる

　藤原先生は，楽しむためには創造力を働かせ，自分たちが考えるアイデアから作品をつくり出すことをポイントとしています。「未来の学び」の第1の視点「学びを楽しむ」と「創造性」を組み合わせて，ワクワクする瞬間を生み出すことが重要になるのです。また，「ワクワクする瞬間はどんな時ですか？」と問うています。ぜひ，本書を読まれている方は時間をとって，考えてみてください。そして，その瞬間を実現するため，子どもたちや教師仲間と話し合い，最新のテクノロジーを有効活用していただければと思います。

Everyone Can Create

　創造性は21世紀型スキルにも含まれるものですが，ADEでも子どもたちの創造性の育成に重点を置いています。また，Apple Education Communityでは「Everyone Can Create」という特徴的な教育プログラムを提供しています。このプログラムでは，iPadを使ってスケッチ，音楽，写真，ビデオについて無料でAppleのサイトから学習することができます。ぜひ，まだ経験されていない方はチャレンジしてみてください。具体的な教材が提供されていますので，学校でiPadを使っている先生には明日からでも授業で活用していただけると思います。

視点4

探究・プロジェクト型に取り組む

学び方が変わる

　何を学ぶかについては，これまでの視点で示された「学びを楽しむ」「21世紀型スキル」「創造性」が重要になります。この第4の視点は，学び方について提案しています。私が学生の頃を思い返してみても，当時から画一的な授業や知識偏重は教育の課題として指摘されていました。それが，最近の教育においては特に，探究やプロジェクト型の学習指導が注目を浴びています。

　山下先生は，探究ベースの授業にすることで，学習の中に自然と対話が生まれ，新しい価値を生み出そうとする方向性が生まれると指摘しています。探究やプロジェクト型の学習を取り入れることで，自然と「学びを楽しむ」「21世紀型スキル」「創造性」を子どもたちが身につけられることになるとすれば，非常に魅力的なものといえそうです。

実社会につなげる

　現在の学習指導要領では，教科横断型の学びを推進していることもあり，いわゆる STEAM 教育が提案されています。これらは，実社会での問題発見・解決につなげる役割も果たしています。探究やプロジェクト型は，実社会とつながる学びを通して自然に創造性等を身につけるのに対して，これまでの教科学習は系統的に学問を学ぶことに主眼を置いています。これは，変化の激しい現代では，系統学習が追いついていないのだと考えています。

018

CHAPTER01　未来を生きる子どもたちのために大切にしたいことを考える

視点 5

教師の役割，
教育の価値観を見直す

教師が変わる

　子どもたちの「未来の学び方」について，実践者自身が教師の役割を変える必要があることを提案するのは非常に重要なことだと思います。石井先生は，「学校の当たり前を問い直す」という課題を私たちに投げかけてくれています。学校の当たり前とは何でしょうか？　先生が子どもたちに教えること，机と椅子に１人ずつ座っていること，朝登校することなども含まれるでしょうか。特に，教師が変わるとはどのような場面でしょうか。石井先生の提案は，テストで評価するだけではなく，多様なアウトプットを前提としたインプットを，という趣旨で述べられています。

教育の再生産からの脱却

　不破先生は，「私たち教師が子どもの頃に受けてきた教育の再生産から脱し，新しい学びのスタイルへとマインドチェンジしなければならない」と気持ちよく言い切り，子どもたちの「協働する力」を養うことを提案しています。おそらく，**教育の再生産から脱却するために，先生方同士も協働をしないといけない**のだろうなと感じます。また先生方同士だけでもやはり難しく，様々な人たちが教育に関わってくれるようになると，新しい学びが自然にできるようになり，「未来の学び」につながっていくのだろうと思います。

019

3 それぞれの「未来の学び方」授業実践

　9名の実践者には，「未来の学び方」について，より具体的な授業実践についても提案してもらっています（下表・タイトルは編者が解釈したもの）。それぞれの授業が生き生きとワクワクするものであることは間違いありません。また，それぞれの実践者が目の前の子どもたちに寄り添っている様子を感じることができます。

　授業実践は，実践者が考える「なぜ，何を教えるか」を実現するために「どのように教えるか」についてまとめられたものになっています。そのため，「未来の学び方」の視点である「探究・プロジェクト」の要素を含む授業実践が多く認められますが，細かく見るとそれぞれの授業実践には，実践者のなぜ，価値観や未来への方向性を確認することができます。小学校1年生から教員研修まで，幅広く参考にしていただける，かなり有益な資料になっていると思います。

	大和田先生	外山先生	榎本先生	塚本先生	藤原先生	山下先生	石井先生	不破先生	荒谷先生
学年教科	1年国語	3年国語	4年社会・総合（情報）	5年社会	特別支援自立活動	教員研修4年国語	6年総合（情報）	1年生活	3年総合（国語×音楽×情報）
題材	物語を実写化	イメージ豊かな物語をつくる	社会科でつくるアプリ	未来の技術を考える学び	Theプロジェクト	プロジェクト型動画づくり	本気のデジタル・シティズンシップ	葉っぱから気づく世界	熱量のあるプロジェクト
学年教科	2年国語	3年国語・総合	5年国語・音楽・図工・総合（情報）	6年社会	4年総合	教員研修2年国語	3年総合（情報）	1年算数	4年総合（国語×理科×情報）
題材	協働でつくるアニメーション	仮想空間をつくる	The映像制作	歴史を動かす	社会事象を捉える探究活動	創造的漫画づくり	本気のSDGs	ルールのある物語づくり	The課題解決

CHAPTER01 未来を生きる子どもたちのために大切にしたいことを考える

4 ―研究者として考えること

　研究者のマインドとして、先行研究を重視する気質があります。いわゆる学問ベース（教科）の学びを期待することとなります。しかし、近年のテクノロジーの発展は凄まじく、日本の経済競争力も目に見えて衰えた印象を受けています。このような状況を諸々受け止めて、「未来の学び方」はこうあるべきだとひと言で表すには、私は優柔不断な人間だと思います。

　学生の頃から設計段階の思考過程をテーマに研究を続けています。修士の時に、児童中心主義で問題解決学習を提唱したデューイ、プロジェクト法のキルパトリックに出会い、学習者が自ら課題を設定して、計画を立て、実行し、評価するという、今では古典的な学習方法について学びました。当時は学習者が自ら課題を立てることは困難であると考えながらデューイとキルパトリックの議論を読んでいたため、学習者が自ら問いを立てるということには、手を出していませんでした。一方で、認知科学の発展が進み、教育界隈でも利用されていた時代でもありました。この学問では、人を情報処理装置とみなし、長期記憶・短期記憶、演算装置などの各機能を通じて、入力情報と出力情報がどのように変化するかというモデルを利用します。私の研究基盤は、このような問題解決学習と認知心理学を組み合わせたものです。言い換えると、人が何か課題をもった時に、どのように解決に向かうか、どのように考えるかということを研究しています。数十年経った現在は、デザイン思考やアート思考を問題解決に取り入れようと試みています。

　なぜ学ぶのか、何を学ぶか、どのように学ぶかについては、「未来の学び方」を考える枠組みにも利用できると思います。この枠組みで9人の実践者の考え方、授業実践を参考にしていただければと思います。

CHAPTER 02

Apple Distinguished Educatorsの
「未来の学び」
実践集

Part0

 「学校」とはどんな場であるべきか？

人生を豊かにするための場

人生を豊かにするための「価値観」との出会い

　学校という場には年齢，性別，国籍，文化など多種多様な価値観をもった人々が集い，ともに学びを深めています。これから先の未来の日本では海外からの人も更に増加していくだろうと考えられています。一部の予測では日本の総人口に対する2020年の外国籍人口が2.2%だったのに，2070年には10.8%にまで高まると考えられています。つまり価値観はさらに多様化していくのです。価値観とはものの見方や考え方に直結します。同じものやことでもその違いにより180度解釈が異なってしまうことだって考えられます。中には受け入れ難い価値観もあるでしょうし，時にはその価値観が原因で対立することだってあるでしょう。学校はぜひそれらを乗り越える経験ができる場であってほしいです。

人生を豊かにするための「違い」との出会い

　価値観以外でも人は様々な違いを抱えて生きています。よく学校は社会の縮図であると言われますが，その違いを互いに認め合える場であってほしいと願っています。もしその違いをテクノロジーで合理的に配慮できるのであれば積極的に使ってほしいし，そのテクノロジーがなかったとしても互いを支え合える温かい場であり続けることが学校として大事なことであり，それを支えることが教職員の大切な仕事なのでしょう。

(榎本　昇)

CHAPTER02　Apple Distinguished Educatorsの「未来の学び」実践集

「学校」とはどんな場であるべきか？

自分と対話できる場所

自分のことを知ることができる

　自分自身のことをわかっているつもりでわかっていないこと，よくありませんか？　学年ごと，学期ごとに目標を立てる場面は多くみられますが，いつも前向きなことばかりじゃありませんよね。自分は何が好きで，何が苦手か，興味のあることは何か。そういった「自分と対話できる場」をつくってみるのはいかがでしょうか。こういった活動をすることで，自分を客観視し，学校生活や協働学習の場面で伸ばしていこうという気持ちを育てることができると考えます。

自分のことを好きになる環境づくり

　自分のことを客観的に捉え，得意なことが見つかったら，それを伸ばす場・発揮する場を設定してあげることも大切です。「図書資料から情報収集することが得意」な子であれば協働学習の中で情報収集担当として，「人と話すことが得意」な子であればインタビュー担当として，「絵を描くことが得意」な子であれば，絵にまとめたり挿絵として資料に入れたりする担当として，様々な活躍の場が考えられます。一人ひとりの得意なことを教師が掴んでいれば，意図的に仕組むことができると思います。得意なことを伸ばし，それを他者に認められる環境こそが，自分を好きになっていく要素の1つと考えています。もちろん，教師からの価値づけも忘れずに！

　さあ，皆さんも「自分と対話」してみませんか？

（藤原晴佳）

Part0

Q 「学校」とはどんな場であるべきか？

つなぐ場・つながる場

教師がつなぐ場

　授業は，知識と知識をつないで構造化し，より深いものにしていく場です。また，子どもたちの経験を知識，知識を経験につなぐ場であり，学んだことを他の人や外の世界につなぐ場だと私は考えています。学んだことを深め，自分の中だけで留めず，いろいろなところへつないで広げていく。それをファシリテーターとして，コラボレーターとして，さらにつないでいくのが我々教師の大切な役目の1つです。特に，小学校では，子どもたちはまだ自らつなげたりつながったりする術がありません。「学び方を学ぶ」と言われるように，知識のつなげ方，社会とのつながり方をたくさん経験させることが重要です。

子どもがつながる場

　コミュニケーション能力は人と関わることでしか育てることができません。学校は社会の縮図と言われるように，そこで人と自分との違いを知り，距離感を学び，多様な人がいることを受け容れながら共に生活し協働的に学ぶ中で，自分というものをより深く知っていくことになるのです。
　子どもは自然と他者とつながる力をもっています。教師はそれに少しの支援をするだけです。学校生活を通して子どもたちがリアルにつながり，それらを補い高め合えるように育っていくことは，いくらテクノロジーが進んだとて代替えできるものではないのではないでしょうか。

（外山宏行）

「学校」とはどんな場であるべきか？

多様な考えにふれ，対話を繰り返し，幸せになる力を身につける場

多様化が進む教室で対話ができる場を保証する

　時代が進むにつれ，内閣府「Society5.0の実現に向けた教育・人材育成に関する政策パッケージ」に示されているように，子どもたちの多様化がますます進んでいます。誰もが先を読めない不確かな時代の中，多様に溢れる教室であるということは，生き抜くための力を育む絶好のチャンスです。

　また，学習者主体の「学ぶって楽しい」が実感できる授業へとアップデートできれば，子どもたちの「学び続ける力の育成」にもつながるはずです。教科を探究ベースの学習にシフトチェンジすることで，対話が生まれ，自分の考えを深めることができます。様々な個性あふれる学校という場でこそ，多様な考えにふれ，対話を通じて成長する場として機能すべきだと考えます。

自分らしく生きることができる力を育む　～Hello！希望の未来！～

　「幸せ」は人によって違うと思いますが，自分らしく生きられるということが「幸せ」につながると思います。自分らしく生きることができる力を育むために学校が存在し，そのために学校はどのような力を身につけさせるのかをしっかりと考える必要があると考えます。また，それと同時に学校が，「生きるって楽しいかもしれない」と希望がもてるような場になればと願います。Hello！希望の未来！

（山下若菜）

Part1

―― 立教小学校　石井輝義 ――

Q 「未来の学び」をつくるために必要なことは？

A 学校の当たり前を問い直すこと

アウトプットを重視した学びへの転換

　これまでの学校は，記憶再生型ともいえるインプット中心の学びに終始してきたと考えています。授業で学んだ内容をテストでどれだけ回答できるか，どれだけ再生できるかが最も重視されてきました。このような授業では，先生の言うことや教科書に書かれた内容を，どれだけ正確に記憶するかに最大の価値がおかれ，インプットした情報をテストでのみアウトプットする形が取られてきました。そのことによって，子どもたちは自ら考えることを放棄し，受動的な学びを強いられてきたのです。

　子どもたちが自ら能動的に，主体的な学びを進めるためには，このような状況の転換が不可欠です。その１つの視点が，**テスト以外の多様なアウトプットを前提とした情報のインプットを進めること**です。そして自ら考える力を育て，自分なりの正解を見つけていく意識を育むことが大切だと考えています。このことは，別の見方をすれば，子どもたちを学びの主役にすることにつながると考えています。

「教科」という枠組みの見直し

　学校での学びは，教科という枠組みを基礎として進められます。しかし，日常生活は，多様な物事が重層化した中で進んでいきます。学校での教科による学びは，暮らしの中の多様な物事の側面を，ある視点で切り取った学びとして進められていると考えることができると思っています。

現在の学習指導要領では，教科横断的な学習の推進が明記されています。その実現は，教科という枠組みに基づく学びから，多様な日常に則した学びを目指すことにつながると考えています。本校では「教科」から学ぶべき項目や内容を「メディア」として統合的に捉え直し，学びが学校という枠に留まらず，子どもたちの日常にまで深く浸透し，生活実感ある学びの実現に向けて歩みを進めています。このことで理論的な知識だけでなく，実践的なスキルとしての学びが生まれると考えています。

このような生活実感に基づく学びをさらに進めることで，総合的な学習として積み上げられてきた実践から，探究的な学びへ，さらにプロジェクト型学習に発展し，学びが学校という枠組みを越えて社会と有機的な結びつきをもつことになると考えています。

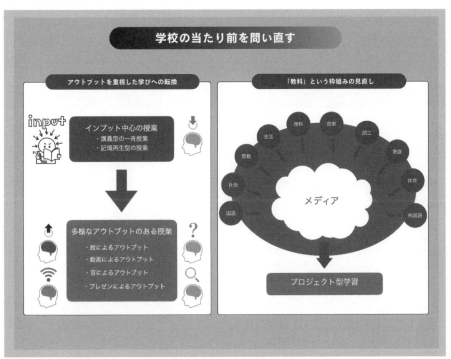

Part1

立教小学校　石井輝義

実践1

6年・総合的な学習の時間（情報）

DQ World から学ぶ
デジタル・シティズンシップの
まとめ直し

ねらい

・4年生と5年生で，DQ World を通じて進めたデジタル・シティズンシップの学びを深める。

・DQ World での学びの「まとめ直し」を通じて，情報編集力を身につける。

・課題の特性を理解し，それに相応しいアプリの活用法を身につける。

単元の流れ（全7時）

1	4年生と5年生の DQ World の学びを振り返り，Monoxer 用のまとめを作成する単元の目標を知る。
2	Monoxer 用の原稿のつくり方の説明を聞く。
3	グループで Monoxer 用の原稿づくり。
4	グループで Monoxer 用の原稿づくり。
5	Numbers での CSV 作成方法を知る。
6	Monoxer に取り込んだデータの確認と修正をする。
7	DQ World のまとめ直しとデジタル・シティズンシップの振り返り。

CHAPTER02　Apple Distinguished Educators の「未来の学び」実践集

授業のポイント

1．DQ World からのデジタル・シティズンシップの学び

　本校ではデジタル・シティズンシップを身につけるため「DQ World」を活用しています。「DQ」とはデジタル・インテリジェンスの略で，知能指数を表す IQ のデジタル版とされています。DQ は2018年にシンガポールの国際シンクタンク DQ Institute，世界経済会議，OECD，IEEE などの共同宣言を機に，現在では世界80か国以上で導入されています。

　DQ の枠組みは，デジタル・シティズンシップ，デジタル・クリエイティビティ，デジタル・コンペティティブネスの３つのステップで構成されています。第一段階は，安全で責任あるデジタルテクノロジーやメディアの使用能力を育成するデジタル・シティズンシップです。

　第二段階のデジタル・クリエイティビティでは，新しいコンテンツを共創し，デジタルツールでアイデアを形にする能力を養います。最終段階のデジタル・コンペティティブネスは，グローバルな課題を解決し，新しい機会を創造するためにデジタルテクノロジーとメディアを活用する能力です。

　DQ World で学ぶデジタル・シティズンシップは，デジタルを積極的に使って社会に参画する力を養い，デジタル・クリエイティビティとデジタル・コンペティティブネスの基盤を築く重要な学びと考えています。

2．4年生での DQ World の学び

　本校での DQ World の学びは，4年生から始まります。4年生は，ジグソー法を活用し，デジタル・シティズンシップの基礎を身につけます。DQ World は8つのゾーンから，デジタル・シティズンシップスキルを学びます。その8つのゾーンをグループで担当し，担当ゾーンの協働学習と共同編集ができるノートに，学ぶ内容やその意図のまとめを進めます。その内容を，各

031

グループが発表し，それぞれのゾーンの学びの意義を全体で共有します。この過程を経た上で，個別に DQ World の 8 つのすべてのゾーンの学びを進めます。 ※本校では，共同編集ができるコラボノート EX を使用しました。

3．5年生での DQ World の学び

4 年生でまとめた 8 つのゾーンの内容をもとに，5 年生では，Springin'
Classroom でイメージ化し，デジタル・シティズンシップの学びを深めました。Springin' Classroom は，文字を使わずに誰でも簡単にデジタル作品がつくれるプログラミングアプリで，描いた絵や写真に音や動きをつけることができ，ゲームや動く絵本など自分だけのオリジナル作品を制作できます。テキスト化したまとめを動きのあるイメージとしてアウトプットすることで，その内容をより深く理解できると考えています。

4．6年生での DQ World の学びと情報編集力の育成

4 年生と 5 年生でのデジタル・シティズンシップの学びを，6 年生ではさらに深めるため Monoxer アプリ用の原稿作成に取り組みました。Monoxer は，記憶の定着を AI がサポートするアプリです。子どもたちは，穴あき問題を作成するための文章を書き，穴あきにする言葉を指定します。その後，テンプレートを CSV 形式にして Monoxer にインポートすると，自動で穴あき問題が生成されます。CSV 形式への変換には Numbers を使用しました。このプロセスを通じて，4 年生と 5 年生の学びを文章化し，さらに自分なりのキーワードを設定することで，DQ World で身につけるべきデジタル・シティズンシップの内容をより明確にすることができると考えました。

4 年生から 6 年生までの 3 学年を通じて DQ World でデジタル・シティズンシップを学ぶことで，これからの時代に必須となる社会参画の態度を身につける大切さを実感できると考えました。また，1 つの課題に対して様々な

手法やアプリを活用することで，学びを単純化させないことも目指しています。さらに，様々なアプリの活用法を身につけることで，子どもたちがまとめに適したアプリを選択する力を身につけてほしいと考えています。

他の授業での応用アイデア

① 文章をイメージ化する（国語・図画工作）

　深い文章読解を実現するためには，文章への想像を可能な限り膨らませてイメージ化することが必要だと考えています。インプットとアウトプットの両方をテキストで進めるだけでなく，アウトプットをイメージ化して絵として描くことで，より深い理解が得られると考えています。

　デジタル機器を活用することで，描くだけでなく「動く絵」としてアウトプットすることが容易になります。5年生の DQ World の実践で活用した Springin' Classroom は，そのことをより容易に実現してくれます。文章読解が教科の課題である国語科と，描くことを課題とする図画工作科がこれらを協働として担うことで，デジタル機器を活用した国語科と図画工作科の教科横断的な学びを実現できると考えています。

② まとめた内容を別の表現で，まとめ直す

　本校での DQ World の学びは，3か年にわたる「まとめ直し」で進めています。一度，まとめた内容を異なった表現方法でまとめ直すことで，学びはいっそう深まると考えているからです。インプットした内容を新たな形でアウトプットすること，再構成することを繰り返すことで，これまでの学びを振り返ると同時に，課題に対する新しい意義に気づくことができると考えています。なお，このことはすべての教科で応用できると考えています。

Part1 実践2 ─── 立教小学校　石井輝義 ───

3年・総合的な学習の時間（情報）

SDGs について考えてみよう

ねらい

- SDGs について，3年生なりに理解する。
- iPad を活用して，「自ら学ぶ」方法を身につける。
- 多様なアプリ（ロイロノート，Keynote，Springin' Classroom）を活用することを通して，多様なアウトプットの方法を身につける。

単元の流れ（全7時）

1	単元の課題が「SDGs」であることを知り，単元の進め方を確認する。
2	SDGs の17の目標から，1つを選びロイロノートで提出する。
3	ロイロノートで，自分が選んだ SDGs の目標をまとめる。
4	ロイロノートでまとめた内容を，Keynote でまとめる。
5	Keynote のまとめを完成させる。
6	Keynote でまとめた内容を，Springin' Classroom でまとめる。
7	Springin' Classroom のまとめを完成させる。

授業のポイント

1. SDGs をテーマとして自ら学ぶ過程を身につける

SDGs（持続可能な開発目標）は，2015年の国連サミットで全会一致で採択された，2030年までに持続可能でよりよい世界を目指す国際目標です。17のゴールと169のターゲットが設定され，「誰一人取り残さない」ことを誓っています。最近では身近な言葉となりましたが，３年生がその本質を正確に理解することは困難です。そこで，３年生という発達段階に応じて，17のゴールと169のターゲットがどのようなものであるかを，子どもたちなりに学ぶことを目指しました。

大切にしたのは「教えない」ことです。「持続可能な開発目標」の説明や解説を最小限に留め，子どもたちが自分でその意味を「探す」ことから始めました。SDGs に関する最低限の情報は Google サイトにまとめ，そのサイトを参考にして17の目標から１つを選ぶという課題を設けました。これにより，子どもたちなりの情報収集を通じて理解が深められることになります。SDGs の深く正確な理解よりも，学ぶ過程とその楽しさを大切にすることで，自分が知らないテーマや概念が不明確な内容を自分で調べてまとめることを通して，それらを学ぶ過程を知り，身につけることの楽しさを実感できるようにしました。

2. 様々なアウトプットの方法を知る

複数のアプリを使ったまとめを進めることで，様々なアウトプットの方法を身につけることができます。SDGs の単元では，ロイロノート，Keynote，Springin' Classroom の３つのアプリでアウトプットを学びました。ロイロノートでは，６枚のカードに記された項目に基づいて，提示された内容に回答する形でまとめを行いました。

Keynote では，ロイロノートのまとめを子どもたち自身が再編集する形で，自由にまとめを進めてもらいました。Keynote はアニメーションを挿入することで動的なコンテンツとしてのまとめができますが，ロイロノート同様にテキストが中心になります。

　これらのテキストでのまとめを経て，Springin' Classroom で動的なイメージとしてのまとめを進めました。このアプリでは，絵を描くだけでなく，動きをつけたり音声データを追加したりすることも可能です。こうしたまったく異なるアウトプットを経験することで，課題への理解が深まるとともに，１つのテーマについて多様なアウトプットの在り方を学ぶことができると考えています。

3．教科よりテーマを重視する学びへ

　本校では2001年度から独自の教科として「情報」を展開していますが，学習指導要領で言えば「総合的な学習」として位置づけられているものです。そのため情報科には教科書がなく，「テーマからの学び」を最も大切にしています。デジタル端末の活用や情報リテラシー，情報モラル教育を重視し，これらの学びを様々な教科で学ぶべきエッセンスと結びつけ，これからの時代に子どもたちが身につけるべき不可欠な内容と関連づけながら学びを進めてきました。このような学びは，現在の学習指導要領で明記されている教科横断的な学習を当初から意識して進めてきたといえます。

　この SDGs の単元でも，既存の教科学習で学ぶべき項目や内容，身につけるべき知識・技能とどのように関連づけるかを強く意識しながら授業を進めました。本校は2027年度の新校舎建築に向けて，情報科のこのような学びを核として，教科中心の学習から「テーマを重視する学び」への転換を目指しています。

他の授業での応用アイデア

① 「教えられる」「教える」から「学ぶ」への転換

　学校の授業で子どもたちは，多くの場面で「教えられる」という受動的な立場にあります。子どもたち自身が能動的に授業に参加するためには，「学ぶ」意識への転換が不可欠です。そのためには，子どもたちが自ら考える場面を，これまで以上に多く設定する必要があります。情報化社会が進展し，GIGAスクール構想の影響もあって，１人１台のデジタル端末が当たり前になった今，授業で「教えられる」ということの必要性は，以前と比べて大幅に低下しています。どの授業においてもこの点を強く意識し，教師は「教える」ことから脱却し，子どもたちと「共に学ぶ」意識に転換する必要があると考えています。

② 多様なアウトプットを知り，自分なりのアウトプットを見つける

　３年生のSDGsの単元では，ロイロノートとKeynote，Springin' Classroomの３つのアウトプットで展開しました。これまでの授業は，新聞形式やプレゼンテーションなど，１つのテーマについて，教師から指定された形式でのまとめが通例であったと考えています。しかし，これからの授業では，子どもたちが多様であるからこそ，多様なアウトプットから一人ひとりに適した自分なりの表現方法を見つけることが必要なのではないでしょうか。また，学んだことだけでなく，自分自身をどのように表現するべきかを子どもたちに求めていく必要があるとも考えています。

　学びの手段として，情報のインプットだけでなく，子どもたちにとってのアウトプットの多様性も保障することで，真の個別最適化した学びが実現できると考えています。

Column

榎本　昇　×　石井輝義

「教えられる」「教える」から「学ぶ」への転換

榎本　石井先生の実践などを拝読していて，「教えられる」「教える」から「学ぶ」への転換という言葉がとても強く印象に残りましたが，なぜ「学ぶ」への転換が必要だと感じたのでしょうか？

石井　難しい質問ですね。今までの学校での講義形式の授業が僕の言う「教えられる」「教える」というものです。それだと子どもたちは学んでいるか学んでいないかがまったくわかりません。「学ぶ」ということを中心として学校の授業を考え直したいのです。子どもたち自身が「学ぶ」ということへの転換です。きっと子どもたちは本当の意味で学んでいなかったのではないでしょうか。

榎本　その「学ぶ」を達成するために障壁となるものは何だと思いますか？

石井　障壁になるものは教員の意識です。なぜならば，私たち教員も「教える」「教えられる」の中で育ってきました。だから，私たちも学んでいなかった可能性が高いと考えています。子どもたち自身が自ら学ぶということがどういう状態を指すのかを私たち自身が経験していないので，子どもたちをどういう状態にしたらいいのかわからないのだと思います。教員が授業の中で言っていることをやっていればよい時代は終わり，教員自身も教育の中で何をどうすればよいのかを新たに考える必要が出てきました。

榎本　つまり，「個別最適化」「協働的」という言葉が指す学びという意味とこれまでの学びという言葉が指す意味が異なってきているということですね。

石井　同じ「学び」という言葉を使いながらも，内容や意味や形態がまったく違うものになってきていて，それが未来の学びをつくっていくための障壁に近いものになっていると思います。

038

Column

榎本　石井先生のお話の中で，教科という枠組みの見直し，という言葉も出てきましたが，教科の枠組みを見直すことで，どのような効果が見込まれますか？

石井　日々の生活に近い学びが生まれると思います。特に系統学習という言葉を使うべきか迷うところではありますが，つまるところ学問の体系により教科は分かれています。しかし初等教育段階でそのように分けていくことが本当に正しいのかどうか，誰も考えたことはありません。ところが未来の学びを考えていく上では必要なことになってくるのだと思うのです。つまり学校の当たり前ということをもう一度考えていかなければなりません。本当に今までの在り方がベストなものなのか，考える必要があると思っています。

榎本　石井先生が教科よりもテーマの大切さを訴えている点は，まさに日々の生活に近い学びを生み出したいからなのですね。私も学びを深めていく中では生活への実感や，様々な形でのアウトプットが大切だと思います。石井先生のおっしゃる「自分なりのアウトプット」という言葉にも深く共感しました。石井先生の考える「自分なりのアウトプット」とはどのようなものなのでしょう。

石井　極端に言ってしまうと，私は授業で例を提示しません。教員が提示したものを子どもたちは正解だと思ってしまい，それに近いものをつくろうとしてしまいます。そうではなくて，子どもたち自身が未熟であったとしても，自分なりの形をつくることが大切だと思うのです。そういった意味では多様なアウトプットという表現を使っていますが，ツールにしても何にしても教員が指定したものを使ってきましたが，子どもたちが一番使いやすいものでアウトプットできたら，ベストだと思います。

榎本　そうですね。実社会ではお手本をコピーしても仕事としては成立しないのと同じですね。子どもの頃から得た自ら情報を再編集する経験をすることはとても有意義だと思います。

Part2　　　　　森村学園初等部　榎本　昇

Q 「未来の学び」をつくるために必要なことは？

発想のシフトチェンジ

激動の未来に必要な思いやり

　テクノロジーやAIがどんなに進んでも扱うのは人であり，そのテクノロジーなどの先には人がいます。柔軟に新しいもの・ことを受け入れ，ただ便利にそれを消費するだけではなく，思いやりをもって，どのように新しいテクノロジーを使ったら，その先にいる人々が幸せになることができるのか，そのイメージを明確にもつ人が未来で活躍するのではないかと思います。これからの未来の学びはそんな人を支えるものであってほしいと願っています。

　令和の日本型学校教育で求められる「個別最適な学び」と「協働的な学び」。これらは車の両輪として記されたものですが，このうち「協働的な学び」の「協働」とは，同じ目的のために対等の立場で協力して共に働くこととされています。このことを大前提として次に示す4つのポイントが未来の学びをつくるために必要なことだと私は考えます。

発想のシフトチェンジ　4つのポイント

　まず1点目は**「正解を探す」学びから「課題・問題を探す」学びへ**のシフトチェンジです。蓄積された知識をただアウトプットするだけの時代は既に終わりを告げました。現在でさえ，社会を支える大人は正解探しをしているだけでは時代に取り残されてしまいます。さらに今の子どもたちが社会に出る頃には，その傾向はより強まっているのではないでしょうか。

　次に**「予測する」学びから「構想する」学びへ**のシフトチェンジです。未

来とはどのような時間軸のことを指すのでしょう。私は，自らの意志で選んだ時間軸のことを人は未来と呼ぶのだと信じています。ただでさえ不確定で不安定な世界。そこでどこかの誰かが選ぶ時間軸の中に未来と呼べるような幸せな時間が待っているのでしょうか。どんなことがあったとしても自らの意志で構想した未来であれば，私は幸せになれると思います。ウェルビーイングが問われる時代において，自らの意志で決めて構想する学びは必須であると考えています。

そして3点目は**「ルールに従う」学びから「自ら判断する」学びへ**のシフトチェンジです。これは2つ目と重複する部分も多いのですが，変化の速度が早くなってきている状況において，対応に追われた誰かがつくったルールに従うことはあり得ません。

4つ目に**「独占する」学びから「共有する」学びへ**のシフトチェンジでしょう。知識を独占することはテクノロジーが発達した現在においてさえ，もはや通用しなくなってきています。もちろん思考のために知識はあるに越したことはありませんが，複雑化する社会課題に対して個の力で対処することはできません。

最後になりますが学ぶ楽しさを忘れてはなりません。それはすべての学びの原動力なのです。

Part2

—— 森村学園初等部　榎本　昇 ——

実践1

4年・社会・総合的な学習の時間

誰かの役に立つアプリを
つくってみよう

ねらい

・小学生の制作物は自分がつくりたいものをつくりたいようにつくることが多く見られる。もちろんそれは制作する際の大切な原動力だが，発達段階が上がるにつれて自分を中心に広がる世界をイメージしつつ，身の回りにはどんな人がいて，どんな困り事があり，それを自分の力でどう解決できるのかを考えられるようにする。

・総合学習や情報の授業で学んだコーディングのスキルを身の回りの問題解決のために生かして実装することで，問題を解決する手段の1つになり得ることを学ぶ。

単元の流れ（全6時）

1	身の回りにある課題や困り事を見つけ出す。
2	課題や困り事を解決するためのアイデアを考える。
3	アイデアが対象にフィットするかデザインなどを考える。（本時）
4	アイデアをアプリケーションの形にする。①
5	アイデアをアプリケーションの形にする。②
6	保護者による評価を振り返る。

CHAPTER02 Apple Distinguished Educators の「未来の学び」実践集

授業のポイント（第3時）

1. 完成までのフローチャートやメモが書けるか？ 説明できるか？

　この授業では Springin' Classroom を使ってアプリを制作していきますが，本時では第2時までに子どもたちが考えたアイデアをいよいよアプリケーションとして設計する段階に入ります。本実践では授業のポイントに沿ったワークシートを活用して，まずはアイデアを言語化させていきます。今回のワークシートでは，「対象」「目的」「何を制作（表現）するのか」という部分を特に大切にしますが，ただ言語化させるだけでなく，必ず先生やグループ内での意見交換による対話が必須となります。この段階を経ることで，子どもたちは自分以外の視点をもとに，つけ足したいことや足りないことの気づきを得ることができます。

　また，こういった活動に慣れていない子どもは対象をなかなか具体化させることができず，「みんなのため」という表現を使いがちになります。子どもたちの言う「みんな」とは一体誰のことなのかを先生がしっかり焦点化させていく必要があります。その上で焦点化された対象がもつ課題を解決するためのフローチャートや流れを，自分のもつスキルに合わせて明確に具体化させていきましょう。

2. 失敗を恐れず手を動かせるか？ 途中にロジックを組み直せるか？

　いわゆる試行錯誤の部分ですが，フローチャートや設計がうまくいっていても，制作をしている途中でよりよい構造や表現が見つかることがあります。また，この課題解決に向けた取り組みには正解がないので，よりよくなると子どもたちが判断した時には思い切ってフローチャートやデザイン，そしてロジックを変更していくこともこの実践の中では大切にしましょう。

　ただし変更する際には，どうして変更するのか，どのようによりよくなる

043

のかということを子どもたちに確認する必要があります。子どもたちが自らの感覚に頼っている部分を，先生が問いかけることで言語化し，より論理的に物事を考える意識づけをさせていきたい部分です。

3．制作物を使う人が使いやすいように想像できるか？

ここまでの制作の中で具体的な対象を焦点化してきましたが，そのユーザーが使いやすいデザインやインターフェイスについて，思いやりをもって意識できるようにしましょう。

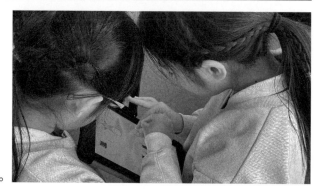

例えばアプリケーションの中にボタンがあるなら，説明は何語なのか。日本語であるなら漢字を使うべきなのか，そうでないのか。画面内で使っている色の組み合わせはユーザーにとって見やすいものになっているか，などです。できればユニバーサルデザインの観点にまで昇華させて考えていくと，小学校4年生くらいで扱う福祉の内容に関しても触れたり，学びを深めたりすることが可能です。

さらに子どもたちはアプリケーションにゲーム性をもたせるアイデアにも気づいていくことでしょう。その時にはゲーミフィケーションの要素である，「目的」「段階的なクエスト」「（ゲーム内での）報酬」「目標に対しての達成度の可視化」を特に意識させたり，バートルテストによるユーザーの分類などをアドバイスしたりすると，アプリケーションの内容がよりクリアになり，対象ユーザーにとって使いやすいものになるということにも触れていきたい部分です。

CHAPTER02　Apple Distinguished Educators の「未来の学び」実践集

他の授業での応用アイデア

①　地域の商店街の店舗紹介をする（社会科）

　小学校３年生の社会科の学習では「市民のくらしと商店のはたらき」という単元が設定されています。ここでは，子どもたちが地域社会の事象，人々の仕事や活動について直接出かけて観察することになります。ここで地域の商店街の協力を得て商店街の各店舗の位置や種類，おすすめの逸品などを紹介するアプリケーションを制作し，実際に地域の方々に使っていただきましょう。この活動を通じて子どもたちにはより丁寧な観察や取材が求められるほか，自分の制作物が実際に使用されることによる実社会とのつながりや自己肯定感の涵養が期待されます。また，子どもたちは自分が取材した商店により愛着がわき，保護者と共に買い物に出かける効果も期待されます。

②　学校にある植物図鑑をつくる（生活科・理科）

　小学校では低学年生活科のアサガオを育てることから始まり，６年生理科の植物のくらしと日光の学習に至るまで学校内にある植物を毎年学びます。また国語でもすべての学年の作品や課題の中で植物と関わりをもっています。しかし，学校内にはいったいどこにどんな種類の植物がどれだけあるかはあまり知られていないことが多いです。そこで植物図鑑を利用するユーザーを具体化した上で，学校内の植物の分布や種類，そしてその特徴までを調べ上げたデジタル図鑑をアプリケーションにします。アプリケーションを制作する過程で制作する子どもたちには大きな学びとなることが期待される上に，ユーザーも改めて普段自分が生活している身の回りの植生を学ぶことができます。Springin' Classroom では自分が描いたイラストだけでなく，写真をトリミングなどの加工をした上で使用できるので，より正確な知識伝達もできることでしょう。

045

Part2 ── 森村学園初等部 **榎本 昇** ──

実践2

5年・国語・音楽・図画工作・総合的な学習の時間

身近にある
ユニバーサルデザインを
紹介しよう

ねらい

・小学校5年生の国語科では「伝えたいこと」が主要なテーマとなって各単元が設定されている。この単元では，集めた情報を言語化することを通して分類や関連づけをしていくとともに，相手や目的に応じて写真や動画にイラストや音楽，そして言葉をつけ加えることにより，伝えたいことに合う動画をつくる。
・身の回りにあるユニバーサルデザインに気づくことで多様性について考える。

単元の流れ（全6時）

1	身の回りにあるユニバーサルデザインを見つける。
2	取材・ロケハンをして，集めた情報を整理する。
3	発表する動画の構成を考え，絵コンテをつくる。（本時）
4	発表する動画を制作する。① ＊iPad の場合 Clips や iMovie
5	発表する動画を制作する。② ＊iPad の場合 Clips や iMovie
6	発表し合って，感想を伝え合う。

授業のポイント（第3時）

1. 集めた情報の中で，自分が伝えたいものやことにフォーカスする

子どもたちは本時までに学校内にあるユニバーサルデザインになっているものについて調べ，写真や動画，そしてメモを取っています。そして第2時に集めた情報を整理しています。方法としてはまず自分が伝えたいものやことに絞り，次に情報の内容に関連性を見つけたら，同じまと

まりにするようにします。その上で集めた写真や動画は，どれを使うとわかりやすく効果的に視聴者に理解してもらえるかを考えて選びます。

選び終わったらその選んだものやデザインについて，本や資料，そしてインターネットで検索し，詳しい情報や専門家の考えを知ることも大切です。しかしインターネットには情報の出どころが不確かなものもあるので，出どころが確実なものを選ぶこと，そして本や資料から調べたことに関しては，その本のタイトルや筆者もしっかり記録して，動画の最後などにつけ加えておくことも忘れないようにしましょう。

2. 集めた資料やデータの動画の効果的な構成や表現を考える

本時（第3時）ではいよいよ集めた資料やデータの効果的な構成や表現を考えます。まずここでは小学校5年生の国語に準じて「はじめ」「中」「終わり」の三段構成で進めることとします。参考までに5つの枠がある絵コンテを紹介しますが，枠をまたいだりしても大丈夫ですし，罫線以外の部分にたくさんのメモを書き入れても問題ありません。ただし今回はこの構成が崩れ

ないようにだけ子どもたちに気をつけてもらうことが重要です。

「はじめ」では何について調べたか，自分がそれに注目した理由についてまとめます。調べた対象が学校のどこにあったのかも伝わるようにします。「中」では本や資料などで調べてわかったことや，自分で考えたことを伝えるようにします。「終わり」ではこの動画のまとめとして，全体を通じて制作者である子どもたちが考えたことや思ったことを明確に伝えるようにします。

小学生の場合，この絵コンテの段階ではまだ動画全体のイメージができておらず，編集を始めてから勢いで制作し，絵コンテと制作物が大きくかけ離れてしまうことがあります。もちろん絵コンテはまだ大まかな設計図であり，絶対ではありません。しかし構成に根拠をもち，論理的に組み立てていくことで制作物に説得力をもたせることができます。

3．人の意見を取り込み，より伝わるようにアップデートする

絵コンテがある程度仕上がった段階で，なるべくたくさんの意見交換を行うようにしましょう。自分だけでは気づかなかった様々な視点が得られるとともに，自分の思考を言語化した上で他人に説明することで整理されていくことが多くあります。段階によって絵コンテが変化していく様子も記録できるように，自分のアイデアや考えと他の子どものアイデアや考えは違う色で書き込んでいくと，よりわかりやすくなるでしょう。

もしこの段階で悩んでいる子がいたら，先生がその子に問いかけていってあげるとよいでしょう。

他の授業での応用アイデア

① iPad を使いながらまち探検をする（生活）

　小学校２年生の生活科の学習では「身近なまちを調べる」という単元が設定されています。まち探検のなかで子どもたちが気づいたことを iPad で記録し，見つけたことを伝え合う活動に応用することも可能です。この場合，まちにある工夫について注目させると，それが暮らしやすさにつながっていることなのか，もしくは暮らしの安全・安心につながっているのかを整理していくことができるでしょう。時間に余裕があれば，注目したことについて深めていくと，疑問に対するワクワク感を涵養することにもつながります。

　なお，街中で iPad を使い記録する際には，写真や動画に人が映り込まないようにすることや，お店などを撮影する際にはきちんと許可を取ってから撮影することも，学びの１つとして大事にしましょう。

② 形の分類を動画で説明する（算数）

　小学校２年生の算数では「形をしらべよう」という単元で三角形と四角形の特徴を捉えてなかま分けをします。教師が予め用意したいくつかの三角形と四角形や，教科書の付録についてくる形を準備して，子どもたちになかま分けをさせ，どのような理由でなかま分けをしたのかを動画で説明させることができます。この場合，ある程度の動画の制限時間を設けるとよいでしょう。また，動画のよいところは，撮影した写真などに自分で線を加えて，視覚的に理解しやすい資料をつくれることや，限られた時間内に説明をするために言語化された考えをより明確に，より洗練された言葉で表現することができるようになる点にあります。

Column 　　　　　　　　　　　　　　　　　　　　大和田伸也　×　榎本　昇

未来の学びと思いやりの関係性

大和田　「未来」という近代的なイメージの言葉の中に，道徳の授業でよく
目にする「思いやり」という言葉があるところが，私もとても共感で
きますね。そもそも榎本さんが「思いやり」が大事だと気づくきっか
けはなんだったのですか。

榎本　きっかけは，10年以上追っている私の実践テーマの「伝える」とい
うことを追いかけてきたことからでした。そのテーマは，授業だけじ
ゃなく，学級経営でも大切にしてきました。

大和田　具体的には，何かこんなことをやってきたとか大切にしてきたこと
とかあるんですか。

榎本　とにかく子ども同士で話をさせるようにしてます。

大和田　「話すこと」ですか？　それが，榎本さんの実践によく見られる映
像制作とどのように関係しているのでしょうか。

榎本　映像制作に取り組む最初の目的は，自分の考えを学校外に伝えると
いうことでした。

大和田　なるほど。実際，映像制作に取り組む中で，子どもたちに大きな変
化は起きたんですか。

榎本　子どもたち同士が，チームとして自ら学校外の方々と話すようにな
ったんですよ。

大和田　それってなぜなんでしょうか。

榎本　取材や制作を任されたというのが大きいと思います。それは，自分
たちに対する大人からの「信頼」と大人に対する「責任」だと思うん
ですよ。その中で子どもたちが，自分たちでお互いにコミュニケーシ
ョンを取るようになりました。

大和田　そこから思いやりはどのようにつながっていくんですか？

榎本　コミュニケーションって，相手のことを考えないと成立しないんで

Column

すよね。投げっぱなしのボールのようになってしまい，キャッチボールにならないんですよ。

大和田 わかりますそれ！

榎本 相手に対する「思いやり」というのを特別意識してきたわけでもないのに，ごく自然に経験の中で身についてきたような感じです。

大和田 そういう関係性のようなものが生まれてからは，作品の質も変わりましたか。

榎本 作品のテーマが深くなりました。おそらくどんなテーマを選んでも，突き詰めていくと，最後はテーマに関わる人間の想いに辿り着くんですよね。その想いを読み取るためにも，思いやりが必ず必要になると思います。つまり想像力ですね。

大和田 思いやりと想像力を同じ意味のように考えられているんですね。そこから iPad というのがどうつながっていくんですか？

榎本 子どもたちの表現力を拡張したいと思ったんですよ。つまり，想像力を「創造力」にしたいと思ったんです。

大和田 では，今後どういった作品制作に取り組みたいと思っていますか。

榎本 iPad などのデジタルデバイスで，拡張された表現や集められた情報をより深く考え，人間にしかなせないような表現や想いを子どもたちと一緒に作品に込めていきたいと思います。

大和田 最近では，AI でも動画を瞬時に制作できるようになりましたが，それについてはどう考えていますか？

榎本 見栄えのする動画ができると思いますが，子どもたちが創っているのは，映像作品であり，シンプルなものであってもそこには想いが込められているから別物のように感じますね。

大和田 わかりますその気持ち。AI はもちろん，便利なツールを使いつつも，そこにはやはり人間という存在が欠かせないですよね。

榎本 子どもたちは，AI に頼り切るのではなく，クリティカルシンキングで自分の未来を切り拓ける存在になってほしいです。

郡山ザベリオ学園小学校　大和田伸也

Q 「未来の学び」をつくるために必要なことは？

学びの楽しさに立ち返る

　「活動あって学びなし」という言葉に象徴されるように、授業を「純粋に楽しむ＝悪」という世の中の風潮に立ち向かっている皆様。大丈夫です。私は子どもたちが楽しめるよう、授業を工夫して実践されている方々の大の味方です。最近でこそ、「探究」という言葉が様々な場所で話題になり、自分たちの興味関心を大切にした「楽習」が復活する兆しも見え始めてきましたが、まだまだ学びを楽しむこと自体が、否定的に捉えられてしまっている教育現場は多いのではないかと思います。

　そもそも、私が子どもたちと取り組んできた、多くの実践後の振り返りの結果からは、**「楽しさ」と子どもたちの「学びの意識」が深く関わっている**ことがわかっています。自分たちが１から考えたオリジナルの物語を、オリ

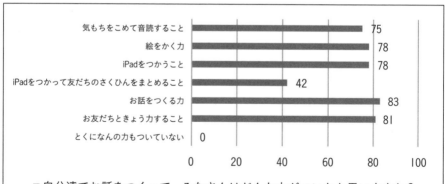

ジナルのイラストと自分たちの声でアニメ化した時の振り返りを例にあげてみたいと思います。その中で，ほとんどの子どもたちが「活動が楽しい」と答えました。実際，授業の中でも子どもたちは楽しそうな表情を見せていました。その反面私たち教師側から見ると，遊んでいるように見えてしまう時があり，何度か不安を感じました。ただ，最後に行った子どもたちの振り返り（左ページグラフ）から，実は子どもたちは楽しいからこそ，積極的になり，深く考え，創造し，表現することができていたことを発見しました。結果として，この単元では「お話をつくる力」を子どもたちにつけたいという教師のねらいが届いたことが読み取れて，本当にホッとしました。このような振り返りのデータは，他の実践でも度々見られます。子どもたちは大人が思っている以上に，遊びの中から学ぼうとするのが得意なのかもしれません。

子どもたちの振り返りのデータ化を忘れずに！

「未来の学び」の主語は，子どもたちであることに変わりはありません。そのために，子どもたちの振り返りのデータをしっかりと取り，子どもたちの声を残していきましょう。そして，**その結果をエビデンスとして蓄積していき，授業を創り続けることが私たち教員の役割ではないでしょうか**。子どもたちが中心となった教育が広がるよう，多くの先生に子どもたちの声を伝えていきませんか。

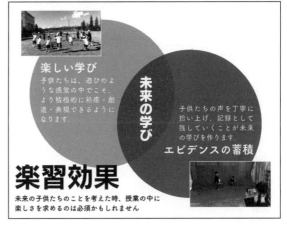

未来を背負って立つ子どもたちの声に耳を傾けた教育こそが，未来の学びへの近道になっていくと信じています。

Part3 実践1　――― 郡山ザベリオ学園小学校　大和田伸也 ―――

【1年・国語】

「くじらぐも」を実写化してみよう

ねらい

・音読を体現化するだけでなく，映像化することで客観的に自分の音読のよさを知ったり，改善点を考えたりできるようにします。
・物語の世界を実写化することで，物語の面白さを増幅させられるようにします。

単元の流れ（全9時）

1・2	「くじらぐも」の内容読解を進めながら，会話文の「」の言い方について考えていく。
3・4	役割分担をした後に，音読練習に取り組む。各々の順番を把握した後，実際に校庭に出て音読練習に取り組みながら撮影する。
5	グリーンスクリーンの前で撮影をする。
6・7	自分の創造するくじらぐもを iPad で描き，空を泳がせてみる。
8	撮影した映像と音読を組み合わせた作品を鑑賞し，直したい部分を考える。
9	作品鑑賞会を行い，振り返りをする。

授業のポイント

1. 架空の世界に飛び出す

「くじらぐも」の授業において、子どもたちが真っ先に考えるのが、「くじらぐもと一緒に空を飛び回りたい」ということではないでしょうか。その思いを叶えてあげられるのが、映画などで頻繁に使用されるグリーンスクリーンを使って、背景を自由に変えられる映像効果の

活用です。現実の世界では映画やコマーシャル制作など様々な場所で使われていますが、小学1年生にとっては未体験な場合が多いと思います。その分、子どもたちは背景を自由に変えられる特殊効果に興味津々です。緑色の布の前で自由に動いたり話したりするだけで、自分が色々な場所へひとっ飛びできます。それを見た子どもたちは、あっという間に学びへの気持ちが高まります。さらに、自分のイメージするくじらぐもを Adobe Fresco というアプリで描きます。本物の雲のように描くことができますので、非常におすすめです。このような架空の世界を、iPad の標準アプリや、すべて無料で使用できるアプリのみを活用して、子どもたちそれぞれが持っている端末で簡単に制作することができます。

2. 現実の世界へも飛び出す

たくさん知りたくて、動きたくて、うずうずしている1年生が教室の中だけで授業をするなんてもったいないですよね。さらに、体育や生活のような授業ならまだしも、国語の授業で外へ飛び出すなんてなかなか想像できません。だからこそ、思いっきり子どもたちと一緒に外で音読をしてみてくださ

い。突き抜けた青空，そこに泳いでいる白い雲，体を包み込むそよ風，物語の世界を体感しながら音読できることで，子どもたちの創造力は高まり，たくさんのアイデアが湧いてくると思います。ぜひ，子どもたちの声に耳を傾けながら，自由に子どもたちがやりたいように撮影してみましょう。

3．作品化し，人に見てもらう喜びを知る

「くじらぐも」が完成したら，学校中にも作品を共有し，子どもたちがたくさんのフィードバックをもらえる機会をつくってみてください。子どもたちの自信がつき，1年生とは思えないほど成長していきます。

また，子どもたちが自分たちでつくった作品を大切にしたいという思いがとても強いことに，私たちは気づかされます。この「くじらぐも」の授業の裏話を1つご紹介したいと思います。YouTubeに子どもたちの作品をアップするために，光村図書さんに著作権期間として当初お願いしたのは2年間だけでした。この2年間という期間は，子どもたちが同じクラスで同じメンバーで過ごすであろう2年間を想定して設けた期間でした。ところが，2年目を迎え，掲載終了が近づくにつれ，子どもたちから期間延長の声が上がり，再度著作権の申請を行うに至りました。この時，子どもたちが延長したい理由として口々に言っていた言葉が，「もっともっとたくさんの人に見てもらいたいから」「1年生の『くじらぐも』のお手本になりたいから」でした。このような，子どもたち自身が学んだことを大切にし，子どもたち自身が発信できる学習者主体の学びを目指して，楽しみながら作品づくりに取り組んでいただければと思います。

CHAPTER02 Apple Distinguished Educators の「未来の学び」実践集

他の授業での応用アイデア

① 地域のニュース番組を制作する（社会）

　子どもたちが，日々目にするテレビ番組の中でも，特に社会科の授業と関わりがあるものといえば，ニュース番組ではないでしょうか。そこで，様々な情報を発信するニュース番組を子どもたち自らの手で制作し，発信するという授業はいかがでしょう。その地域の有名な史跡紹介をしたり，地域で働く人々の職業紹介をしたり，それらの映像をニュース番組として制作します。さらに，制作したニュースを同じ学校の子どもたちやインタビューした地域の皆さんに見てもらったり，動画投稿サイト等で公開してみたりできるといいですね。受け手側の視点でも学びを深められるだけでなく，制作する立場からの学びも深められ，多くのフィードバックをもらえることで，子どもたちのやる気にもつながるはずです。そして，学校という枠を超え，地域も巻き込んだ大きな学びへと発展する可能性も秘めています。

② 短い劇やショートコントの動画を制作する（英語）

　小学校の英語の授業で，英語のセリフを子どもたちが覚え，それを短い劇として発表する機会は多いと思います。ただ，聞き手の子どもたちはどのくらいその内容を理解できているかというと，少し心もとないですよね。そこで，英語劇の動画を撮影し，日本語の字幕をつけることで，視覚的にもきちんと相手に伝わる作品として制作することができます。もちろん，発表する側はしっかりと英語のフレーズを覚えますので，英語での表現力の向上につなげることができます。短いショートコントのような英語のジョークを映像化すると，愉快な映像と心地よいリズムで子どもたちは盛り上がるでしょう。聞き手の子どもたちにとっても聴覚と視覚が刺激され，楽しく英語のフレーズを覚えたくなるのではないでしょうか。

Part3

郡山ザベリオ学園小学校　**大和田伸也**

実践2

2年・国語

物語文「スイミー」の
デジタル絵本を
制作しよう

ねらい

- 協働制作に取り組むことで，自己決定力を高め，個々の特性を1つの大きな可能性につなげる。
- 情景描写をアニメーション化することで，物語の世界観に深く入り，物語を読んで感じた思いを新しい音読として表現できるようにする。

単元の流れ（国語10時間＋図工5時間）

1	本文を読み，あらすじや，語句の確認をしたり，初発の感想を書いたりする。（国語）
2	学習内容の確認をし，各グループで表現方法を選択する。（国語）
3〜12	各場面の音読の工夫点について全体で確認後，グループで検討する。（国語①②③④⑤） ※宿題で場面ごとに録音を進め，授業の最初にそれらを取り上げる。 各場面の情景描写の担当を決め，自分たちの創造するスイミーを描き，アニメーション化する。（図工①②③④⑤）
13	お互いの場面を編集して合体し，作品としての改善点を見つける。
14	作品の改善点を修正したり，別なグループにアドバイスをもらったりする。
15	アニメ鑑賞会を行い，お互いの作品に感想を言ったり，振り返りをしたりする。

授業のポイント

1. 自分たちで選択する

　低学年の授業となると，先生たちが入念に授業の準備をしてあげますよね。子どもたちの発達段階を考えた時，その方法ももちろん大切だと思います。一方で，休み時間になるとどうでしょう。子どもたちはそれぞれ自分の遊びを選び，楽しんでいますよね。遊びが選択できて学びが選択できないということはあるでしょうか。子どもたちの可能性を引き出すためにも，大きな枠での方向性を示した中で，自己選択力をつける。それが今回のスイミーのねらいの第一歩です。

　今回の実践では，「遊び感覚」で子どもたち同士が相談して決められる時間を増やしました。例えば，絵をアナログで描くかデジタルで描くか，メリットとデメリットを考え合わせ，自分たちで選択します。そして各場面の担当者やアニメーション方法なども，自分たちで選択しました。

　その結果，自分たちのつくったアニメーションと情景の違いに気づいて修正したり，情景描写の数にこだわったり，遊びの延長だからこそ，たくさんの気づきや学びにつなげることができました。遊び感覚からどんどん成長していく子どもたちは，さすが遊びの天才ですね。

2. 協働で創造する

　いよいよ協働制作に入ります。今回は，全グループがデジタル制作を選択しました。まずは，絵をデジタルで表現し，そこに声を吹き込み，アニメーションとしてストーリーをつなげていきます。話し合いではうまくいっていたのに，制作に入ると「〇〇さん，ちゃんとやってよ」「そのアニメーショ

ンちょっとおかしいよ」などトラブル多発です。

　絵が得意な子，音読が得意な子，消極的でも協力的な子，アイデアを出すのが得意な子，グループをまとめるのが得意な子。それぞれが自分の持ち味を生かして協力することで，トラブルもいつの間にか解決していて，1つの大きな作品を完成させることができました。

　真っ黒な小さな魚が，1人では何もできなかったのに，多くの赤い小さな魚たちと協力して，巨大な魚をやっつける話。今回の協働制作も，まったく同じ状況でした。教師の役割も，大きな魚として小さな子どもたちのために問題をやっつけてあげるのではなく，子どもたち一人ひとりが協働することで，小さな可能性が大きな可能性に変わっていくことを伝えてあげることではないでしょうか。

3．見てもらい，ほめてもらう機会をつくる

　自分たちがつくったものを認めてもらえる嬉しさや，ほめてもらえる快感に気づくと，子どもたちは作品づくりの楽しさにどっぷりとはまります。だからこそ，私がぜひおすすめしたいのが，外への発信です。肖像権や著作権の問題は難しいかもしれませんが，それらがクリアできるようであれば，学校ホームページやYouTubeなどに子どもたちの作品を載せてあげる方法はいかがでしょうか。今回，私の失敗談としては，海外作品の著作権料はとても高いため，子どもたちがつくった「スイミー」の一般公開は難しく，子どもたちの夢を叶えてあげることはできませんでした。その分，学校内の全クラスに作品を見せに行き，他学年の子どもたちからたくさんの言葉や手紙をもらうことができました。子どもたちが，評価してもらったり，認められたりする環境づくりも，教師の役割の1つとして大切になってくるのではないかと思います。

CHAPTER02　Apple Distinguished Educators の「未来の学び」実践集

他の授業での応用アイデア

①　ミュージックビデオを制作する（音楽）

　音楽の授業では，低学年の時には大きく口を開けて自信満々に声を出して歌っていた子どもたちが，高学年になるにつれて口が小さくなり自信なさげに歌ってはいませんか。カラオケで，人前であっても元気に歌える方と，そうでない方（私はこちら側です）と同じようなことかもしれません。そんな恥ずかしがり屋の子どもたちのためにこそ，ぜひ取り組んでいただきたいのがこの実践です。子どもたちは，歌詞を深く味わい，創造しながら情景描写を行います。その情景描写された絵に自分の歌声を載せたミュージックビデオを制作します。もちろん，子どもたちの恥ずかしさを解放するという点もメリットですが，よりよいものをつくりたいという思いから，今まで以上に曲を深く味わって聴いたり，協働した楽しい音楽活動につなげたりすることができると思います。著作権関連の許諾を取ることができれば，YouTube に載せて，多くの方に自分たちの学びを発信することも可能です。多くのフィードバックももらえるようになります。

②　自分が〇〇になったストーリーをつくる（理科）

　理科の授業では，様々な植物や生き物を観察して，スケッチする機会がたくさんありますよね。そこで，自分が観察するそのものになり切り，観察しながら成長記録としてスケッチを取り，そのスケッチに自分の声を吹きこむことで，生命感あふれる〇〇成長ストーリーを制作するのはいかがでしょう。例えば，「〇月〇日，ぼくは学校の水槽の中で生まれました」のように，セリフを自分の声で吹き込むことにより，役割を演じる主人公のようになり切ることができます。セリフを考えるという点では国語力の育成にもつながるダブルポイントになります。

061

Column 藤原晴佳 × 大和田伸也

子どもたちが主体的に学ぶための，環境づくり

藤　原　大和田先生は，子どもたちが学ぶ意欲を高めるために，実際どのようなことをしていますか。

大和田　まずは授業をする前に，子どもたちがワクワクする問いを設定できるかどうか，時間をかけて考えています。

藤　原　私も，ワクワクを大事にしています。そして，子どもたちがワクワクするだけじゃなく，教師もワクワクするよう心掛けています。

大和田　そうですよね！　教師が楽しめない授業は，そもそも子どもたちも楽しめないのではないかと考えています。もちろん教師の自己満足に陥らないようには気をつけていますが。

藤　原　その通りだと思います。教師は指導者であり，伴走者でもあると感じています。だから，私は子どもたちとともにつくり上げる授業が楽しみで，学校に来るときもそんな喜びを感じています。

大和田　すごいですね！　私は，子どもたちが授業を楽しんでくれなかったらどうしようとハラハラドキドキの日も結構ありますよ。

藤　原　大和田先生でもそんなことがあるんですか。

大和田　ありますよたくさん。例えば，問いを設定するときに，自分の幼少期の気持ちを思い出しながら，○○だったら楽しいかなと考えることが多いのですが，そもそも私の感覚がずれていたらどうしようと心配になることがあります。

藤　原　私もあります。だからこそ，教員同士で相談したり，授業を見合ったりしてみんなでつくり上げることを意識しています。

大和田　その気持ちとってもわかります。実は，私もここ最近ずっと学年全体で同じ授業に取り組んだり，クラスの枠を超えて，複数の教員が全体で授業をしたりすることがとても多くなりました。

藤　原　私もです！　教師同士の得意を生かして，学年全体で授業を組み立

062

Column

てたり，クラスの枠を外して自分たちで立てた問いに近い仲間を見つけて学びあったり，そんな機会をつくっています。

大和田 子どもたちも大人と一緒で，いろいろな考え方をもった人と学び合ったり，高め合ったりすることは大切ですよね。

藤原 未来の学びをつくるためには，子ども同士のつながりだけでなく，教師同士のつながりも大事になってきますね。ネットワークを広げるために，明日からでもできそうなことはありますか？

大和田 ありますよ！　ネットワークという言葉からは，学校外のイメージが強いと思うんですが，まずは，今目の前にある学校全体の雰囲気をプラスに変えてあげることが大切だと考えています。そうすれば，いろいろな先生方からたくさんのアイデアが出てきますし，いろいろな挑戦にもつながります。だから，まずは目の前の教師同士で助け合い，たくさん語り合うことが大切だと思います。

藤原 学校全体の雰囲気を楽しくするために，大切なことを教えてください。

大和田 やはり，相手の考えを尊重することだと思います。たとえ，目指すべきゴールは同じであったとしても，人それぞれ考え方は違いますし，ゴールに辿り着くための手段も違うと思うんですよね。だからこそ，お互いの考え方を尊重し，歩み寄ることは大切だと思っています。

藤原 私も校内研修の中や組織づくりの中で，本音で語り合う場をつくっています。なんでも言える雰囲気は大切ですし，自分を客観視できるとも思っています。教師同士のつながりを深めることで，同じ目標に向かって，一緒に頑張ろうという土台ができるのかなと思っています。

大和田 そうですよね。おもしろい授業が生まれるためには，学校環境も大切かもしれませんね。先生たちがギスギスしていたら，敏感な子どもたちはすぐに察知しますし，先生たちがみんなで楽しく授業研究する姿を見ていたら，子どもたちもそこからたくさん学ぶことができるのではないかと思います。

Part4　つくば市立春日学園義務教育学校　藤原晴佳

Q 「未来の学び」をつくるために必要なことは？

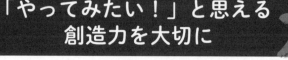

「やってみたい！」と思える
創造力を大切に

子どもたちと共に先生もワクワクする学びを

　皆さんがワクワクする瞬間はどんな時ですか？
　私が一番大切にしていることは，先生も子どもたちも授業を楽しむということ。楽しむためのポイントは，創造力を働かせ，自分たちが考えるアイデアから作品をつくり出すことです。
　そんな創造力を発揮するために大切にしていることを３つ示します。

感情を大切に

　授業の題材によっては，環境問題であったり，地域のことであったり，楽しい内容ばかりではありません。しかし，それぞれが抱える問題を知った時,子どもたちはどんな感情でいるでしょう。「悲しい」であるのか「不快感」であるのか。子どもたち一人ひとりが抱く感情や考えていることはそれぞれ違います。その感情とじっくりと向き合うことで，今自分はどんな思いで，その問題をどう捉えているのかを理解することができると考えています。そうすることで，問題をどうしていきたいのか，自分なら何ができるのかを考える土台になっていくでしょう。

仲間を大切に

　感情に続いて，仲間を大切にすることが未来の学びでは大切であると考え

ます。これは，学びの中でアイデアの共有，フィードバックに留まらず，感情的な支えや価値観の共有など，仲間は学びを下支えする基盤となります。

自己選択の自由と責任を

授業の中で成果物や発表を，最終成果の形態を子どもたちに委ねてみてはどうでしょう。もちろん，最終成果の種類はリーフレットや芝居，プログラミングなど多様な形でまとめることができます。創造力を働かせ，子どもたちのアイデアを実現できるアウトプットの形を選択させることで，活動の自由と責任をもつことができます。情報活用能力の育成を大事にしながら，子どもたちの活動の幅を広げることが未来の学びにつながるかもしれません。

Part4 　つくば市立春日学園義務教育学校　藤原晴佳

実践1

特別支援・自立活動

The Sun プロジェクト
チームに分かれて発表しよう

ねらい

- 自分の好きなこと，得意なことにチャレンジする機会をつくり，それらを十分に体験し作品として完成するところまでを先生がサポートすることで，自分の才能と可能性を伸ばす。
- 異学年交流の中で様々なプロジェクトを行い，自分の定めた目標を達成するため，対人スキルを高める。

単元の流れ（全5時）

1	個人の目標設定，作品完成イメージを考える。
2	あいさつの仕方や姿勢などの自立活動を行う。
3	アイデアを作品の形にする。（本時）
4	作品完成に伴い，チームで共有する。
5	作品展示・発表，振り返り。

授業のポイント

1. プロジェクトの概要・チーム編成

　自立活動の時間に1〜9年生全員で行います。まず，先生自身が楽しく活動できるように先生たちの特技をもとにプログラミング・ものづくり（工作，裁縫）・音楽・ダンスの5つの教員チームを立ち上げます

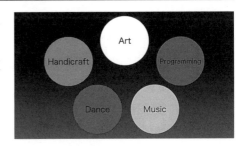

（右図）。その後，子どもたちがもつ能力や可能性を最大限に伸ばすため，学年や学級を解体し，自分が参加したいチームを自己決定させました。すべてのプロジェクトをまとめて「The Sun プロジェクト」と呼びます。プロジェクトごとに，子どもたちには相手意識・目的意識をもたせるため，どんな展示作品がよいかを話し合う場を設定し，必要によってグループ分けやリーダーを決め，子どもたちが主体的に活動できるようにしました。

2. 授業の流れや目標の提示・共有

　授業の流れ（右図）を明確化し提示することは，子どもたちが自ら活動できるようにするために大切なことです。自立活動として大切な個別の指導計画に基づく目標を本人と決め，授業のはじめに毎回確認をすることで，プロジェクトを通して何を身につけるかを意識させました。自分があと少し頑張ることで達成できる困難さ（「プロジェクトのはじめにグループの友達に挨拶をする」「困ったときにヘルプカードを示す」など）を目標設

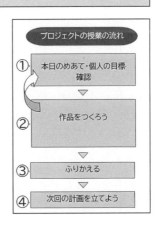

定し，ただ楽しく活動して終わりにならないよう個々への指導の手立てについても教員共有シートにまとめ，共同編集できるようにしました。これは，プロジェクトにより担任外の教員が担当になった場合にも，共通した手立てを施すことができるようにするためです。

3．目的や相手意識を考える

　本プロジェクトではプログラミングを採用しました。プログラミングはアイデアを形にしやすいこと，修正がしやすい点で活動に取り入れやすいものです。プログラミングチームでは，「春日学園の未来を考え，みんなに楽しんでもらう作品」をテーマに，子どもたちが考えた「春日の未来の街・みんなを驚かせるロボット・展示の案内ロボット」を作成するため，3グループに分かれました。どんな街にしたいかゴールのイメージを付箋に書いて貼り，それらをすり合わせたり，建てる場所や完成形のイメージを共有したりしました。

　プログラミングを行う上で指導すべき点は，①目的や相手意識を明確にすること，②ゴールをイメージしたプログラムの計画です。①では，何のために誰に向けてつくるかといった目的や相手意識をもつことで，ゴールがイメージしやすくなります。The Sun プロジェクトでは，文化祭の展示をゴールにしていたため，"学校の未来を考え，みんなに楽しんでもらう"を目的としました。また，訪れる人が気持ちよく見ることができるように，ロボットに挨拶をさせたり，順路を案内したりするようプログラミングを行いました。相手意識をもち，挨拶や案内文を考えることもコミュニケーション能力を伸ばす上で大切にしました。②では意図せずプログラミングをするのではなく，アイデアに沿って，どんな動きをさせたいかをじっくりと考えさせることを大切にします。

他の授業での応用アイデア

① プロジェクトの設立・後ろ盾

　プロジェクトチームを発足させて，様々な成果物をつくり発表するといったことはどの学校でもどの教科でも実践しやすいです。例えば，国語の授業では物語の創作，理科の授業では環境保護のアイデアを考えるなど，各教科の特性に応じたプロジェクトを立ち上げることができます。このようなプロジェクト活動を通して，子どもたちは単に課題をこなすだけでは得られない貴重な知識や経験を積むことができるはずです。さらに，プロジェクト活動を通じて子どもたちの能力や可能性，さらには情熱まで育てていくことが目標です。そのためには，子どもたちの実態を把握し，一人ひとりの特性や得意不得意，そこに応じた目標を先生が一緒に考え，寄り添うことが大切です。

② プログラミングを生かす

　The Sun プロジェクトで使用した教材は Minecraft，レゴ®WeDo2.0，AkaDako の 3 種類です。使用するアプリはどれも直感的に操作しやすく難しい説明が不要です。プログラムしたものを実際に動かしたり，メタバース空間内で川や山，建物を容易に作成できたりすることもプログラミングの魅力といえます。プログラミングを取り入れることで，幅広い表現が可能になり，総合的な学習の時間などでの作品づくりには欠かせない教材となるでしょう。プログラミングについて必ずしも先生が詳しい知識と経験をもっている必要はなく，子どもたちと共に学ぶ姿勢で，一緒に楽しんで取り組んでほしいです。先生や子どもたちが扱いやすいプログラミング教材を取り入れることが大切になりますが，「どんなことをさせたいか」といった先生側の意図も同時に大切な要素です。

Part4

つくば市立春日学園義務教育学校　藤原晴佳

実践2

[4年・総合的な学習の時間]

今わたしたちにできることは…学校のみんなにエコ活動をすすめよう

ねらい

・環境問題を幅広い範囲から捉え、自分たちがアクションを起こさなければいけないという自覚をもち、環境保全に向けた取り組みを考える。
・継続的に実践できるよう、長期スパンで活動計画を立てることでエコ活動を実践、発信しながら、自分たちの生活を見直す。
・探究的な学びを経験し、「学び方」を知ることで子どもたち自ら疑問に思ったことや興味をもったことを追究する態度を養う。

単元の流れ（全6時）

1	日本やつくば市が抱える環境問題について知る。（ゲストティーチャー）
2	ゴミ問題に関して情報収集をする。
3	実証可能な課題か、研究者と構想する。
4	アイデアをもとに実践する。（本時）
5	実践したデータを考察する。
6	ポスターセッション、実践。

授業のポイント（第5時）

1. 子どもたちの自己決定と先生の支援とのバランスをとる

「自己決定」「子どもに委ねる」という言葉は，心理学における自己決定論から来ており，人間の動機づけや人格発達において，自己決定や自主性が重要な役割を果たすとされています。探究的な学習の過程「課題の設定」や「整理・分析」などを子どもたちが自己決定することで，より主体的に取り組むことができる一方，先生が必要な支援をせずに委ねてしまうことも十分に考えられます。

先生が地域を歩き，題材を集め，子どもたちをどんなふうに題材に出合わせるのかをよく考える必要があります。また，専門的な課題を設定した場合は多くの大人の目が必要となってくるでしょう。立てた課題が実証可能なのかまでを考えることは子どもたちだけでは難しいこともあります。そのために，学級担任だけではなく，学年全体で指導したり，時には地域の方や研究者に関わってもらったりすることも考えられます。本校は地域の特色を生かし，何人もの研究者に関わってもらうことで，より本格的な探究的な学習を進めることができました。

先生が外部講師とのコーディネートまでする必要がありますが，前年度に呼んだ講師の名前や所属，連絡先を控えておくことで，次年度もつながりやすくなります。

2．多様な発信方法を選択できるようにする

　本実践では研究の流れを掴むため，研究の目的，背景，研究方法などの「研究の型」を示し，ポスターセッションを最終ゴールとしました。題材を通して子どもたちが疑問に思うこと，興味をもつポイントはそれぞれ違いますし，その課題に向かって失敗を恐れずチャレンジすることが探究的な学びの中では最も大切だと考えるので，「学び方」を身につけることを意識して取り組んでいます。

　その一部として，多様な発信方法を選択できるようにすることがあります。発信方法は，写真やプレゼンテーション，映画など多種多様です。発信方法までも子どもたちに決定させることで，課題を解決・達成するために何が必要かを考えられる力がつくのではないでしょうか。

　本実践では，アルミとスチールを分別するためにプログラミングの micro:bit を使ってゴミの分別ロボットを製作したり，普段であれば捨ててしまうゴミからアート作品をつくったりなど，環境問題を広い視点から捉え，自分たち

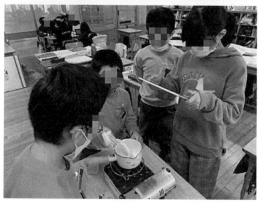

で立てた課題をクリアするために様々な発信方法を選択している様子が見られました。

CHAPTER02　Apple Distinguished Educators の「未来の学び」実践集

応用アイデア

① 実証可能な問いなのかを検討する

　本実践では，外部講師として研究者にお願いしましたが，子どもたちの探究活動がスムーズに流れるよう，ぜひ多くの目でサポートできる環境をつくっていきたいところです。外部講師以外にも，管理職や地域の方，他校とのオンラインで交流し，様々な視点からのアドバイスをもらった実践もあります。子どもたちには失敗を恐れずチャレンジしてほしいですが，闇雲に課題を設定しても実証不可能であればしてあげられるべき指導も滞ってしまいます。

　実証可能な問いにするためには，先行研究を洗い出すこと，インタビューなどを通して確かな情報を得ること，現段階では何が不足していて何が明らかになればよいのかを明確にしていくことがポイントとなるでしょう。

② その他にも多様な発信方法・アウトプットを知る

　探究的な学習に限らず，「情報を発信する」際の方法を知り，スキルとして身につけておくと様々な場面で応用が可能です。

　例えば，「写真」だとすると，国語科で詩や俳句を作成する際に撮った写真を添えればより読み手にイメージが伝わりやすくなります。「動画」であれば見せたい場面を録画することで，理科の実験記録にも使えますし，学校紹介などの紹介動画としても活用できます。発信方法は他にもプログラミングでロボットやアプリを作成したり，プレゼンテーションソフトを用いて視覚的にもわかりやすい資料をつくったりすることができます。

　総合的な学習の時間の中でスキルアップのために様々なアプリやソフトを活用していけば，他教科でも用いやすくなります。また，その逆も然りです。ぜひ，「発信」を授業のどこかに取り入れながら，意識して活用してみてください。

073

Column　　　　　　　　　　　　　　　　　　不破花純　×　藤原晴佳

プロジェクトベースの学びでワクワクを広げる

不破　子どもたちと一緒に先生もワクワクするという考え方，とても共感できます。そう感じたきっかけはあるのですか。

藤原　もともとワクワクすることの大切さは感じていましたが，ADE の先生方のチャレンジ溢れる実践から，先生も楽しむことが大切だということを学びました。先生が夢中になっていると子どもたちも自然と夢中になるというか。

不破　教師も楽しむことって大切ですよね。「ワクワク」は人によって違うと思いますが，藤原先生にとっての「ワクワクする学び」はどんな学びですか。

藤原　私はプロジェクトベースの学びが大好きです。子どもたちが主体となって本当に解決したい課題を自分たちで立て，方法論まで考えて学びを進める姿を見ていると子どもたちの情熱を感じられます。また，教師が伴走して子どもたちと一緒に学んでいるように感じられてワクワクします。

不破　プロジェクトは楽しいですよね。子どもたちがスムーズにプロジェクトベースの学びに取り組めるようにするために気をつけていることはありますか。

藤原　４月からいきなりプロジェクトを始めるのではなく，まずは自分の得意不得意なことを知るなど，「自分と対話する」ところから始めます。また，同時に学級経営の中でクラスメイトとの関係を構築することで２学期頃にはプロジェクトを始める準備ができます。準備が整ったら，自分のテーマに近い人同士で探究を始めていきます。ピッチという手法を使ってグルーピングをしたこともあり，楽しかったです。その後，課題に対してどう感じるか，という「感情」に注目しながらプロジェクトを進めます。

Column

不破 　自分と対話する時間は大切ですね。プロジェクトの最後には，アウトプットをすると思います。成果物や発表などの最終成果の形態を子どもたちが自己選択できるようになるには，どのようなサポートが必要ですか。

藤原 　4年生くらいまでは，学び方，探究の仕方，プログラミングなどを通して，アウトプットの選択肢を増やすことが必要です。経験したアウトプットの数が多いほど，自分の得意分野がわかり，自分の強みを生かして意欲的に取り組めるようになります。その子どもたちの様子を見ていると私まで楽しくなってきます。また，プロジェクトの中ではフィールドワークを大事にしています。図書資料やインターネットにはない情報が大切であり，先輩にインタビューをしたり，用務員さんに聞いてみたりすることで問いが生まれてくると思っています。

不破 　人から学ぶ。大切ですね。最後に，創造力やワクワクを職場で広げるために心がけていることがあれば教えてください。

藤原 　私はワークショップ形式の校内研修をよくさせてもらっています。研修では，クリエイティブな学びにつながるように皆が同じ答えにはならない内容を扱います。つくっていて楽しくなってしまうもの，そして実は教科の目標が達成できてしまうものを意図的に仕掛けて校内研修をしています。先生自身が実際に体験してもらうこと，そして「やってみて楽しい」「明日でも使えそう」という気持ちをもってもらうことを大切にしています。

不破 　楽しそうな研修ですね！　先生自身がワクワクすること，楽しむことが創造力につながっていくのかもしれませんね。

森村学園初等部　不破花純

「未来の学び」をつくるために必要なことは？

教師がマインドチェンジを行い，ともに楽しむこと

協働する力，創造する力

　AIの急速な進化により，多くの仕事は自動化され，現在学校に通っている子どもたちの65％は将来，今は存在していない職業に就くと言われています。つまり，私たち教師は，今目の前にいる子どもたちを予測不可能な社会でも楽しんで自らの人生を生き抜く人に育てなければなりません。私たち教師が子どもの頃に受けてきた教育の再生産から脱し，新しい学びのスタイルへとマインドチェンジをしなければならないのです。では，新しい学びのスタイルとは何か。私は，**「協働する力」と「創造する力」を養う学びを展開すること**だと考えています。

　「協働する力」。ひとえに「協働」といってもその裏には様々な力が必要になります。計画的に物事を進める力，相手の気持ちを配慮する力，状況を把握して自分ができることを見つけ出す力，積極的に人と関われる力，助けを求める力など。これらの力を養うためには，グループ活動を積極的に取り入れ，学齢が上がるにつれて子ども主体の学びへと転換していく必要があります。私は，3年生頃から少しずつ子ども主体のプロジェクト型学習を取り入れ，高学年に上がる前には計画から実行まですべて自分たちで行う活動を一度は必ず経験させています。

　「創造する力」。創造力は知識と同じで，経験が大切だと私は考えています。様々な場所に赴き，いろいろな感情を経験すること，多様な感性に触れること。そのためには，教師自身も外の世界に飛び出し，様々な人とのコネクションをつなぐこと，あらゆるアウトプットの方法を学ぶことが大切です。教

師のもつ創造力は子どもたちの創造力に影響します。外の世界で吸収してきたことを子どもたちに還元することで、子どもたちの中で創造するための選択肢が増えます。そして、その選択肢が多ければ多いほど、子どもたちは柔軟な発想でその経験を掛け合わせ、新しいものを生み出してくれるのです。

子どもとともに楽しむ

　最も大切なことは私たち教師自身が楽しむということです。既存のやり方に固執するのではなく、変化を楽しむこと。挑戦を楽しむこと。学びを楽しむこと。1日の大半の時間を共に過ごしている身近な大人の私たち教師が楽しんでいる姿を見せることは、必ず子どもたちにも影響を与えます。そして何より、子どもたち自身も楽しんで困難に立ち向かえるようになります。「楽しい」という気持ちは大きな原動力になります。**学びが楽しいと思えた子は、その後も自分の力で学びを進めていくことができます。**変化の激しい時代だからこそ、変化に柔軟に対応でき、学びを自ら進め、自ら成長できる子を育てなければならないのです。皆さんは学びを楽しんでいますか。

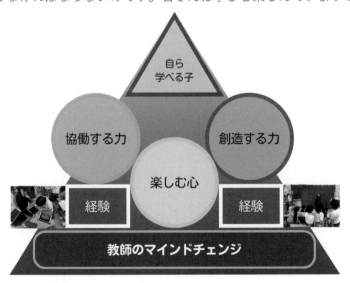

Part5 ──── 森村学園初等部　不破花純 ────

実践1

1年・生活

葉っぱの世界を
グループで表現しよう

ねらい

・身近な自然に目を向け，気になることや知りたいことを見つける。
・観察の活動を通して，共通点や相違点に気づくことができる。
・グループ内で役割分担し，葉っぱの世界を表現することができる。

単元の流れ（全8時）

1	校内探検に出かけてお気に入りの葉っぱ探しをする。
2	お気に入りの葉っぱ発表会をする。
3	同じ種類の葉っぱ（ユリノキ）を観察し，共通点・相違点を共有する。
4	葉脈の役割について予想し，理科の先生から教えてもらう。
5	水を集める・光を集める・栄養をつくる・空気を集める4つのキャラクターを考え，カードにする。
6	4人班で担当するキャラクターを決め，レゴブロックで表現する。
7	発表に向けてスライドを作成し，練習をする。
8	保護者対象に発表会を行う。

授業のポイント

1.「お気に入り」を見つけることで疑問を自分事にする

1年生の生活科では，季節のものを見つける活動が取り上げられています。季節を感じられるものは様々ありますが，今回は「新緑」「紅葉」など，季節の移り変わりを教えてくれる「葉っぱ」に注目して活動を行いました。

この活動では，いきなり葉っぱについての学習を始めるのではなく，「お気に入り」を見つける活動を通して，普段何気なく目に映る葉っぱには様々な色・形・大きさがあることに気づかせます。また，「お気に入り」を見つけるため，自分が見つけた葉っぱに愛着をもち，より自分事として活動に取り組めるようになります。

何か1つの大きなテーマを扱って探究的な学びを進める際には，いかに「自分事として考えられているか」が大切になります。1年生の頃から様々な事象に目を向け，自分事として考える活動を行うことで，学齢が上がった際にはより深く物事を捉え，考えられるようになります。

2．学校にいる「その道の専門家」に教えてもらう

低学年では，漢字の学習も進んでおらず，本やインターネット，新聞等を用いた調べ学習がしにくい現状があります。その場合，学校の先生や保護者，地域の方など，「その道のプロ」からお話を聞くことが有効

です。この実践では，理科の先生を特別ゲストとして招き，授業をしてもらいました。その際，教師側が事前に日程調整などを終わらせつつも，理科の先生への直接の依頼は子どもたち自らが行い，学びを自分たちで進めていく実感がもてるように進めました。

　これからの時代，教師は子どもと社会をつなげるハブのような存在になっていくことが求められます。すべてを教師が教える必要はなく，「本物」から教わるインパクトも大切にしたいものです。

3．キャラクター化することで親近感をもたせる

　1年生にとって，目に見えない世界を理解することはかなり困難です。そこで，キャラクター化することで親近感をもたせ，理解を深めます。

　葉っぱの中では，水・光・空気を集め，栄養がつくられています。そこで，「水を集める子・集めるための道具」「光を集める子・集めるための道具」「空気を集める子・集めるための道具」「栄養をつくる子・つくるための道具」の4つのキャラクターと道具を考えさせ，絵とレゴブロックで表現させる活動を行いました。それぞれの性質がはっきりしているため，キャラクターや使用する道具も異なり，個性的な作品が集まります。

　この活動では，図工が好きな子はもちろん，ゲームが好きな子も遊び感覚で意欲的に取り組むことができます。

他の授業での応用アイデア

① 仕組みを説明する（理科・社会）

　キャラクター化したり，レゴブロックで表現したりする活動は，様々な教科で応用可能です。例えば，社会科の歴史分野では，1人の人物に焦点を当て，その人物の行動や時代の背景を分析し，自分なりにキャラクター化する活動ができます。また，4年生社会科の「水はどこから」や「ごみはどこへ」の単元では仕組みについてレゴブロックを用いて表現する活動も考えられます。理科の分野では，元素記号をキャラクターで表現した書籍なども近年人気ですが，「ゴムや風の力」や「音」「磁石」などの目に見えない世界をキャラクター化する活動も考えられます。

　どの授業においても，自分なりにもう一度表現する活動を取り入れることで，より深い理解につながると考えています。

② 「お気に入り」から学びを始めてみる（国語・社会・総合）

　学びを自分事にするためには，その学びに興味・関心があることが大前提です。そのための工夫として，「お気に入り」を見つける活動から始めることで，より主体的に学びが進んでいくように感じます。

　国語であれば好きな表現を見つけ，なぜその表現に惹かれるのか議論してもよいですし，社会であれば好きな都道府県を選んでプレゼン大会をしてもよいと思います。また，総合的な学習の時間では，今回の実践例のように，テーマ設定の際に子どもの実態を把握し，様々な「お気に入り」から学びを進めていくこともできます。

Part5

森村学園初等部　不破花純

実践2

1年・算数

グループで考えた
お話をもとに
作品をつくろう

ねらい

・いろいろな形をつくることに興味・関心をもち，クラスメイトと協力
　しながら意欲的に取り組むことができる。
・色板などを使っていろいろな形が構成されていることを理解する。
・いろいろな形の構成を予想しながらつくることができる。

単元の流れ（全8時）

1	三角形の色板を複数枚使用してつくることができる形について学ぶ。
2	色板を使用して作品づくりをする。
3	児童作品を使用して何枚の色板でつくられた形かを考える。
4	点をつないで様々な形をつくる。
5	4人班で話し合って起承転結を意識したお話を考える。
6 7	Keynoteを使用してお話のワンシーンを作成する。
8	発表会を行う。

授業のポイント

1. 具体物を用いて形の感覚を養う

1年生は，特に実感を伴った活動を取り入れることが必要になります。幼少期の経験の差が学年が上がった時の学びの理解度に影響してくると思います。本単元のゴールはKeynoteでの作品づくりですが，いきなりiPadを使用するのではなく，その前に実際に色板を使用し，手を動かして作品

づくりをすることで，形に対する理解がより深まります。また，色板では色や枚数が限られているため，同じ形をつなげたらどのような形に変化するのか，色板を1枚だけ移動させたらどのような形になるのかなど，与えられた条件での形づくりに取り組むことで，形の構成について着目させます。

2. 作品から学ぶ

Youtubeや通信教材など，様々な媒体で学習することが可能になっている今，学校に通う理由の1つは「友達から学ぶ」ことだと思います。友達の作品を見て，何枚の色板をどのような角度で組み合わせてつくられた形なのかを考える活動を通して，形の理解だけでなく，クラスメイト

間の相互理解も生まれ，クラスの関係性もよりよくなります。また，「自分の作品を友達に見てもらう」という意識が活動に対する意欲にもつながりま

す。

3. Keynoteを用いて作品づくりをする

　色板での活動とは異なり，色や枚数を自由に選ぶことができるため，これまでの学びを生かした作品づくりができます。

　1年生は，物語をつくることが大好きです。4人班でお話を考えることで，「起承転結」を意識した文章づくりができ，作文力向上にもつながります。また，これまでの活動とは異なり，先につくりたいシーンがあり，それを三角形だけで表現する活動は「見立て」の力も必要となり，少し難易度が高くなりますが，その分お互いにアドバイスをしながら協力して創造的な作品が出来上がります。

　Keynoteで作品づくりをする際には，2つのルールを提示します。

（1）　同じ大きさの三角形を使用すること
（2）　三角形は重ねないこと

　自由度が高まった分，これまでの学びを生かすためにも2つの条件は守るように伝えます。また，はじめに図形の複製方法，角度の変え方，色の変え方，戻し方も教えます。これまで枚数や色に制限がある中で活動をしていた分，自由に取り組める喜びは大きく，みんなが集中して課題に取り組むことができます。

他の授業での応用アイデア

① Keynoteを使用して図形の作品づくり（算数）

算数の図形分野は特にアウトプットしやすい分野だと思います。そのため，図形分野はどの単元でも応用が可能です。

3年生の二等辺三角形や正三角形での作品づくりや，4年生の四角形を使用して敷き詰め模様をつくる活動もできます。4年生の敷き詰め模様の活動では，実際の作品をもとに，敷き詰められる図形とそうでない図形の違いについて改めて学ぶこともできます。

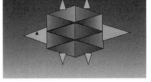

また，ストーリー性をもたせるために，学齢に応じてアニメーションをつけて図形を動かすことも可能です。

 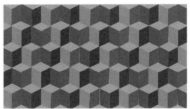

② 起承転結で表現する（国語・社会・理科）

起承転結で表現する活動では，物事をより簡潔にまとめる力を養うことができます。ことわざの意味や歴史上の出来事，理科の実験結果などを4コマ漫画や4枚のスライドで表現する活動を通して，自然と情報を取捨選択するようになります。また，自分たちで情報を整理してまとめることで，内容のより深い理解にもつながります。

Column   外山宏行 × 不破花純

教師が楽しむ。
マインドチェンジが新しい授業デザインを創る。

外山 「教師が楽しむ」というキーワード。不破先生の実践からは，子ど
もと一緒に学ぶことを楽しむ先生の姿が浮かんできます。

不破 本気で子どもと向き合うことは楽しいです。どんどん子どもの中に
入っていって子どもたちのことを知ることが教師を楽しむ第一歩だと
思います。先日，アメリカの公立校ハイテックハイを視察に行った際
に現地の先生から聞いたのですが，子どもとたくさん関わってその子
のことをよく理解し得意不得意を知ることで，より最適な支援ができ
るようになると。確かに，教師が示した手順ではゴールに辿り着けな
かった子どもが，その子が選んだ手順だとゴールに辿り着けたという
経験は私にもたくさんあります。

外山 まさしく個別最適な学びですね。そして，それは従来型の一斉授業
「みんな同じ方法で」「こうあるべき」「こうしないといけない」から
のマインドチェンジのなせる業でもありますね。

不破 そういう支援をするために，教師はたくさんの選択肢をもたなけれ
ばいけません。選択肢を増やすということは，教師が変化や挑戦を楽
しむということですね。それはとてもワクワクすることですし，その
ワクワクが子どもたちにも伝わっていくと考えています。幸い自分は
初任の頃から外に学びに出させてもらう機会が多かったので，たくさ
んの考え方や実践を学ばせてもらいました。外の世界や学校，先生と
つながることでたくさんの選択肢があることを学ぶことができます。
教師の選択肢を増やすことが子どもの選択肢を増やし，教師の創造力
は子どもの創造力に影響するのです。

外山 そんなたくさんのワクワクと選択肢をもった不破先生の実践は，特
にアウトプットが魅力的だと思ったのですが，意識していることはあ
りますか？

Column

不破　子どもは想像したものを創り出すことが大好きです。そのため授業に多様なアウトプットを取り入れ，資質・能力を自然と高めることができるような授業デザインを意識しています。社会に出ると，他者を意識した活動が増えます。対象を考えて様々な手段でアプローチをする力が必要です。そのためにも，アウトプット場面をたくさん学びに取り入れることは重要ではないかと思うのです。

外山　「協働する力」も同様に大事とおっしゃっていますが，その中でも「助けを求める力」についてお聞きしたいです。

不破　困っていてもヘルプを出せない子どもは多いです。そこで，誰かが気づいてくれるのを待つのではなく，自分からアクションする力は必要です。自分の力では解決できないことを友達や教師に発信することで，協働的な学びは広がっていきます。場合によっては，別の友達や先生，専門家など，助けてくれる人へとつながっていきます。この広がりが学びの醍醐味ではないでしょうか。

　教師も同様に，わからないことをわからないと言って，教えてもらったり学び合ったりすることは大事なのではないでしょうか。特に新しいことがたくさん入ってくる今の教育現場では，教師こそこういう力が求められているのではないかと思います。

外山　最後に，生成 AI が登場してこれからの社会，これからの学校も大きく変わろうとしています。不破先生は生成 AI の授業活用についてどうお考えですか。

不破　これからの創造的で協働的な学びと並行して，それらの質を高めるものとして役立つものだと思います。「新しくてよくわからないから」というような「できない理由」を考えるのではなく，「どうしたらできるかな」というような「できる理由」を考えて取り入れてみるとよいと思います。ここでも教師がマインドチェンジして，新しいツールを楽しみながら探究していくべきです。そのワクワクはきっと子どもたちに伝わって，新しい学びが始まっていくのではないかと思います。

Part6　近畿大学附属小学校　外山宏行

Q 「未来の学び」をつくるために必要なことは？

A 生成AIと向き合う態度を育み，関係をつくること

生成AIと初等教育

2022年末，生成AIのChatGPTが話題になって以来，教育現場でもその活用の是非が問われています。中にはネガティブな意見もありますが，私は，今後生まれた時からAIと共に育ってくる子どもたち，いわゆる「AIネイティブ」の子どもたちの学びに学校が対応できないことは致命的であると考え，授業の中に積極的に取り入れています。

生成AIの使用については年齢制限があるため，現状，小学校では先生を介しての活用が主になります。また，小学生はまだ多くの語彙や表現方法を身につけているわけではないので，生成された情報のハルシネーションに気づき，ファクトチェックまで行うことは難しいです。それゆえにテキスト生成AIよりは，見て思い通りになったのかがわかりやすい画像生成AIを活用し，AIというもの自体を知っていくのが適切だと考えます。**生成AIを使うこと，使って思い通りのものをつくることが目的ではなく，生成AIを使う際に必要な姿勢を養うことを目的としています。**

生成AIと自分

文部科学省の「初等中等教育段階における生成AIの利用に関する暫定的なガイドライン」（令和5年7月）が示す4つの活用段階の，その「一歩手前」の段階。それこそが大事だと考えます。自分で考えたり想像したりつくり出すことのよさを学ばせたい子どもたちには，まず対象に対するイメージ

をしっかりともたせ，その上でイメージ通りのものができるかを生成AIを使って試させます。個人で自由に使えない場合でも，何人かで話し合ったり，生成する回数が限定されることでより深く考えたりすることができます。

　アイデアもイメージもない状態でも，生成AIは簡単に素早く文章や絵で表現してくれるので「すごい！」「便利！」「楽！」という安直な感想をもち，まるで夢の道具のように思ってしまうかもしれません。自分で考えたり想像したりつくり出すことのよさを知る前にこのように感じてしまうと，「自分で考えるよりAIにやらせた方がよい」と誤解したり，AIに依存したりする危険もあるのではないでしょうか。これを生成AIの「浅い活用」と考えます。反対に，自分の中でしっかりとしたイメージをもった状態で使うと，AIのつくったものに対して「すごいけど…」「便利だけど…」「楽だけど…」ちょっと違うな，思い通りにならないな，もっとこうしてほしいのにな，といった感想をもち，生成されたものに対して批判的な思考も働くはずです。そこでさらに考えを進めたり，プロンプトを試行錯誤したり…，それこそが「深い活用」だと考えます。

　このような学びを繰り返すことで生成AIと向き合う態度を育み，生成AIと子どもたち自身との関係をつくっていくことが重要です。

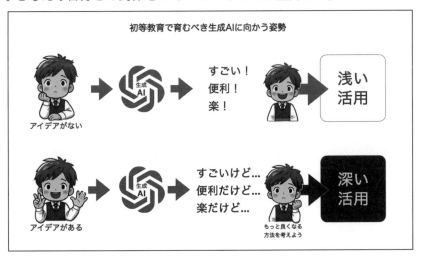

Part6

実践1

近畿大学附属小学校　外山宏行

3年・国語

組み立てに沿って，物語を書こう＋α

ねらい

- 語彙を増やし，段落相互の関係に注意して文章の構成を考える。
- 書いた文章を交流して感想や意見を伝え合い，間違いを正したり相手や目的を意識した表現になっているかを確かめたりして，文や文章を整える。
- 生成AIに物語のあらすじや重要な場面を説明して挿絵をつくることで，生成AIの仕組みを知るとともに自分の説明を振り返る。

単元の流れ（全7時）

1	好きな冒険物語や登場人物について語り合う。
2	「宝の地図」から想像を広げて物語の構想を練る。
3	構想から起承転結の組み立てを考える。
4	組み立てに沿って物語を書く。
5	書き上げた物語のあらすじを友達と交流する。
6	交流したあらすじや重要な場面をもとにプロンプトを考え，生成AIで表紙絵をつくる。
7	物語を読み合い，感想を伝え合い，単元の学習を振り返る。

—— CHAPTER02　Apple Distinguished Educators の「未来の学び」実践集 ——

授業のポイント

1．想像した物語を言語化する

　頭の中で想像を広げて物語をつくるという活動は，非常にクリエイティブで，多くの子どもにとってワクワクする活動です。しかし，想像したことを言語化していく作業には得意不得意があり，作文を苦手とする子どもにとっては苦痛を伴うかもしれません。思い通りのものが書けずにモヤモヤする子どももいるでしょう。そういう子どもたちには，流れに沿って物語が書けるよう，起承転結を短文で4コマ漫画式に書いて骨組みをつくるワークシートなどの手立てが有効です。段落の骨組みができたら，書こうとしているストーリーを友達に話して共有することでさらにアイデアが広がったり，頭の中にある物語を言葉にしやすくなったりします。

　活動中は物語について自由に会話することを推奨します。話し言葉としてアウトプットをたくさんすることも，書き言葉に落とし込んでいくときの助けになります。苦手な子ほどコミュニケーションを取る場面を多くつくることで，物語を言語化するイメージをつくりやすくなります。

　文章の校正の際は，ルーブリックをつくって相互にチェックをし合うことで互いの気づきにつなげます。

2．生成 AI で表紙絵をつくる

　物語が出来上がったら，生成 AI を使って創作した物語の表紙をつくります。普段の学校生活の中でも「これは生成 AI に描いてもらったんだけど」などと言って教師が活用している様子を見せることで，子どもたちの興味・関心は増します。子どもたちはそれぞれ表紙にしたい場面や情報を短い文をプロンプトとして教師に伝えます。教師からいくつか質問を返し，必要があればプロンプトを書き足したり，余計なところを削除したりします。最終的

に生成するのは教師で，生成された画像を子どもに送ります。多くの子どもはその画像を見て，想像したものと違うという感想をもつでしょう。そして，思い通りにならなかった部分をどのように伝えたらイメージ通りになるのか考え直します。1回で終わるのではなく2回目があることで，子どもたちはより深く自分の物語と言葉を見つめ直すことができます。

　生成AIの活用は，あくまで子どもたちが物語をつくっていく上でのモチベーションを高め，対話を広げるための手立ての1つです。中心となるのは，国語科で大切にしている見方・考え方となります。何度も自分の書いた物語を読み直したり考え直したりする機会があることで，よりよいものをつくりたいという意欲が高まったり，自分の作品に愛着をもてたりすることも期待できます。同じようにしてつくってきた他者の作品を大切に読むこともできるのではないでしょうか。

【児童作品例】
あらすじ：兄と弟が森に迷い込み，人喰い虎に追われながら逃げていると，逃げ込んだ洞窟の中で宝箱を見つける。
プロンプト1回目：2人の子どもが森の中で虎に追いかけられる。
プロンプト2回目：小学生の兄弟が森で虎に追いかけられる。兄が弟の手を引っ張る。怖がった表情をしている。

子どもがお話と違う。虎と遊んでいるように見える。
→兄弟の説明をする。怖がっているようにして，追いかけられている感じを出す。

生成1回目　　　　　　　　　　　　　　生成2回目

他の授業での応用アイデア

① 都道府県「絵クイズ」をつくる（社会）

　各都道府県の特色からプロンプトを作成し，画像を生成し都道府県「絵クイズ」をつくるという活動ができます。生成AIが日本の文化に強くないという点で逆に工夫のしがいがあり，プロンプトを試行錯誤する面白さがあります。一度生成したものを見合いながら，さらによくするためにグループで話し合いをしたり，さらなる特色を調べて情報を増やしたりして，学びを広げることができます。答える側の子どもも，絵の中から情報を読み取り，学んだ都道府県の特徴に照らし合わせて答えを考える面白さがあります。

　右の絵はどの都道府県を表すかわかりますか？　答えは「#真っ赤な牛のおもちゃ #山と湖 #白桃 #ぶどう」というプロンプトで描かれた福島県です。猪苗代湖や磐梯山は「山と湖」，福島県の伝統工芸品である赤べこは生成AIに伝わらなかったため，「真っ赤な牛のおもちゃ」という言葉に変えています。ぶどうや桃は特産品です。

② 音声入力を利用して画像を生成する（外国語）

　同じような活動は外国語（英語）でもできます。音声入力と組み合わせるのが効果的です。学習した単語や表現を使って音声入力で正しく表示されるまで練習し，正しく音声入力できたらその文を使って画像を生成する，というような活動に子ども同士の英語での対話やグループ活動を取り入れるとよりよい学びになると考えられます。

Part6 ── 近畿大学附属小学校　外山宏行 ──

実践2

3年・国語・総合的な学習の時間

物語の世界を
生成 AI で創造しよう

ねらい

・文章を読み込み，叙述をもとに場面を想像して言語化する。

・グループで説明を交流し，AI がつくった画像をもとに再考することで，よりよい説明を練り上げる。

・生成 AI の仕組みや機能を体験するとともに自分（たち）の説明を振り返り，生成 AI と自分たちの関係について考える。

単元の流れ

1	生成 AI で自分たちの学校をつくろう。（1 学期）
2	物語の世界を生成 AI で創造しよう。「三年とうげ」（2 学期）
3	物語の世界を生成 AI で創造しよう。「モチモチの木」（3 学期）

※本実践では，360度画像生成 AI「Blockade Labs」（https://www.blockadelabs.com），360度画像を iPad で VR 体験するアプリ「RICOH THETA」，日本語で考えたプロンプトを英語にするために翻訳アプリを使用します。

CHAPTER02　Apple Distinguished Educators の「未来の学び」実践集

授業のポイント

1．生成 AI に自分の学校を説明する

　本実践では，360度画像を作成できる生成 AI と360度画像で VR 体験ができるアプリを使い，VR 体験を通して自分のつくった世界の中に入り込む活動を行いました。ただ単に画像をつくって見るのではなく，より没入感をもって自分たちのつくった世界（言語）と向き合うことを意図しています。

　はじめ（1学期）に，生成 AI を使って「自分たちの学校をつくる」というテーマで取り組みました。自分たちがよく知っている学校。しかし，よく知っているからこそ言葉にして伝えるのは難しく，グループで議論して必要な情報を精選して説明を考えたものの，生成された画像は似ても似つかないものがほとんどでした。中には「学校」や「校舎」という言葉を入れ忘れたグループもありました。人間相手には何となく伝わるところも，AI 相手だと通用しません。その結果をもって再度グループで話し合うことで，よりよいものを目指します。本実践でも，1回目で終わるのではなく，2回目を実施することでグループでの話し合いもより充実したものになり，プロンプトも洗練されたものになっていきます。

　大事なのは思い通りのものをつくるという結果ではなく，そうしようとすることで話し合いを活発にし，自分たちの説明と言葉を見直すことです。

2．生成 AI で物語の世界を創造する

　次（2・3学期）に取り組んだのは，国語の授業で学習した物語の世界を言葉で説明して創造する活動です。教科書の叙述をもとに，挿絵から想像力を働かせながらプロンプトを考えます。前時同様に，グループで取り組むことで自然と教科書を読み返し，対話が広がります。今回は学習後に行いましたが，学習中に取り組んだ方が，読みが深まり面白くなったのではないかと

思います。今回も1回目の結果をもとに，2回目にさらによいものを目指すことでさらなる工夫が生まれました。

3．生成AIの力不足か？　自分たちの力不足か？

　このような取り組みをしながら子どもたちは自分たちと生成AIについて振り返りをします。なかなか思い通りのものができないけれど，それは生成AIの力が足りないのか？　自分たちの説明が悪いのか？　このように問いかけると，ほとんどの子どもが「自分たち」と答えました。もちろん，AIに対しても「もっと言葉を理解してほしい」「こちらの期待通りのものをつくってほしい」という要望もありますが，それ以上に「自分たちの説明が下手だった」「もっと言葉を知らないとうまく説明できない」「AIを使うには自分が賢くならないといけない」という意見が出てきました。

　このような学びを通して，AIが単にすごいもので，使うと楽で便利だという安易な受け入れ方でなく，すごいものだけれど使い方，使い手次第であることを実感することで，深い活用ができる素地になればと思います。

【児童作品例】「三年とうげ」の世界（360度画像）

1回目：車道や現代的な家が入ってしまった。

2回目：まわりの様子や，時代背景を詳しく説明することで物語のイメージに近づいた。

他の授業での応用アイデア

① VR 世界で見つけよう（外国語）

外国語（英語）の学習で学んだ単語，例えば「色」と「物」を使ったキーワードを使って世界をつくり，それを友達に VR 体験してもらいながら，どの言葉を使ったかを探す活動が考えられます。VR の特徴を生かして，「右を見て」「見上げて」「振り返って」「〜の正面にあるよ」などの指示を英語で出しながらヒントを与えるといった活動も子どもを夢中にさせるアクティビティになるのではないでしょうか。

② どの国でしょう？（社会）

グループで紹介したい国を決め，その代表的なものをプロンプトに盛り込んで360度画像を生成します。何度か再生成することでよりポイントが絞られた画像になると考えられます。その後，別のグループと国を当て合う活動をします。プロンプトを考える時に様々な情報を集め，グループの対話が活発になるのはもちろん，360度画像ゆえの情報量の多さと VR のよさも生かされます。体を動かしてヒントになるものを見つける楽しさに，子どもたちも学びに熱中できるはずです。

【作品例】（360度画像）キリスト像，熱帯雨林，大きな川 etc. →ブラジル

Column   荒谷達彦 × 外山宏行

子ども自身の学習や教科の学びに戻る
生成 AI 活用の活動設計

荒谷 生成 AI を授業で使ってみようと思ったきっかけはなんですか？

外山 ニュースや SNS で見て，まずは読書感想文を書かせてみました。
上手に書けているようで，よく読むと「ん？」と感じるところもあり
ました。しかし，それは子どもにはわかりにくいなぁと感じました。
まだ知識や語彙が少ない小学生には，教員が仲介して活用することで
正しく活用する姿勢が身につけられると感じました。

荒谷 実践にある画像生成の前にはどんなことをしたのですか？

外山 物語やあらすじ等の文章生成を授業に取り入れましたが，特に低学
年の子どもは語彙が限られていて，良し悪しの判断が難しかったです。
そこで，子ども自身の説明力と AI の能力の両面を感じるには，文章
より画像生成の方が有効だと思いました。AI とのやりとりを通して
「自分の言葉や表現力に戻っていくこと」が大事なんです。

荒谷 結果ではなく，プロセスを重要視されているのを感じたのが，「個
人個人が使えないことが利点」とおっしゃっていた点でした。

外山 個人で使うより，グループでよりよいものをつくるために話し合う
と，活発な対話が起こります。「すごい」「面白い」で終わるのではな
く，つくりたいゴールがあるとそこへ近づくためには工夫が必要で，
そこに協働的な学びや深さが生まれるのです。

荒谷 実践でのプロンプトの見直しは，国語の資質能力にある「文章の間
違いを正したり，確かめたりする」ですね。

外山 言葉で説明することは国語の力に関わります。挿絵づくりも，自分
がもつイメージに向かうことがいいと感じました。自分のイメージへ
の葛藤・ジレンマをもつことで考えが深まります。iPad を使い，焦
点が「スキル」になると，教科でつけたい力がボケてしまうので，生
成 AI を使う授業でも軸足は教科にしっかり置きたいです。授業後の

Column

振り返りでも,「もっと言葉を知らないといけない」「説明を上手にしたい」と, 自然と自分自身に返る子どもが多かったことに手応えを感じました。

荒谷 社会科の応用アイデアのクイズづくりも面白いですね！

外山 生成 AI で説明が伝わらない時は, グループで考え, 様々な言葉を駆使して説明していました。答える方もエッセンスを拾い, 出題者の意図を深読みします。出題者も回答者もかなりの知識量が必要でした。

荒谷 国語の実践での AI 活用と難易度はいかがでしたか。

外山 叙述をもとに物語の場面を再現するのは高度でしたが, 生成した世界に VR で入れることに夢中で, 話し合って季節や風景を考えていました。モチモチの木では,「家の横の大きな木」ではサイズ感が伝わらず, トチの木と家の大きさを調べ何倍かを具体的に伝えているグループもあり, とても面白かったです。読み取り調べて情報を具体化することで, 自然と教科書のキーワードを探すので, 国語の学習に戻っていました。国語の授業では, 子どもたちに「読ませる」より自分から読みたくなるような手立てを考えないといけないと思っています。

荒谷 失敗作もあったのでしょうか？

外山 学校をつくる活動の時も,「木造で 3 階建て」等は伝えたものの, 肝心の「学校」を伝えておらず, リゾート施設が出てきていました。そういう失敗を通して,「人間だったら前後の文脈で読み取れるものも, AI には『わざわざ伝える』こと」が大切だと知れたのだと思います。

いきなり物語の読み取りでは難しいので,「正解のイメージ」があるものからスタートするのが大切で,「生成 AI で学校を創ろう」から活動を始めたのもそんな意図からでした。

思い通りにいかない時は AI だけが悪いのではなく, 自分の説明や伝え方に自然に戻っていくことが大事です。「言葉を変えることで成果も変わる」ことを経験し, 自分に戻っていくことが学習ですからね。

──── 瀬戸SOLAN小学校　荒谷達彦 ────

 「未来の学び」をつくるために必要なことは？

「基盤となる資質・能力」の育成

「未来を生きる」上で基盤となる資質・能力

　日々の学習や生涯にわたる学びの基盤となる資質・能力として，**「言語能力，情報活用能力，問題発見・解決能力等」**があげられています。急速に高度な情報化が進展し，予測困難なこれからの「未来を生きる」子どもたちにとってこそ必要な資質・能力であり，育成に注力することが，私たち教員に課された大きな使命だと考えています。

各資質・能力の重要性について

　1点目の**「言語能力」**は，説明から様々な情報を解釈して必要なものを取り出し，他者とコミュニケーションを取るために思いを表現する一連の流れだけでも必須です。国語のみならず，すべての教科等においてそれぞれの特質に応じた言語活動の充実を図ることが育成において必要となります。教科特有の表現を学び，実生活に近い文脈でそれを活用できるような場面を設定することで，さらに言語能力を成長させることができます。

　また，同じ「言葉」の分類でも，英語能力の育成も重要です。英語を身につけることで，海外の情報をリアルタイムで得たり，世界全体の抱える問題の解決につながる方策を発信したりすることができます。

　さらに，Chat GPTといった常に進化する生成AIを「使う側」となるためには，どんな指示が出せるかが必要です。子どもたちの可能性を広げるという視点においても，高い言語能力の育成は非常に重要なのです。

次の**情報活用能力**は，収集できる情報が膨大にある現代の社会で，正しいか否か必要か否かを取捨選択する能力，統計等のデータ活用，情報モラル・情報セキュリティといった情報化社会における安全性と正しく行動する能力が，必要不可欠です。自己表現におけるプロセスに欠かせない情報活用能力をしっかり習得することがこれからいっそう大切になるでしょう。

最後の**「問題発見・解決能力」**は，前者2つに比べると育成が難しい能力です。従来の「教える」授業スタイルだけでは，与えられた課題は解決できても，その解決能力が別の課題にどう生かせるか，またそもそも物事からどう課題を見いだすかという経験が少なくなってしまいます。それでは物事を自分事として捉え何かを提案したり，行動したりすることも難しくなります。幼少期は「これなあに？」「なんで○○？」と言っていた子どもたちが，学校を経験すると指示待ちになり，「自分で国や社会を変えられる」と感じられない若者へと成長してしまうのです。日頃から疑問や不思議を見つける活動を通して「問題発見能力」を育み，子ども自身の興味・関心から生まれた問いに応じた課題解決型の探究学習の経験を積み重ねていくことで「問題発見・解決能力」を育成することが重要になります。

「未来を生きる」上で基盤となる資質・能力

Part7 ───── 瀬戸 SOLAN 小学校　荒谷達彦 ─────

実践1

3年・総合的な学習の時間（国語×音楽×情報）

愛唱歌プロジェクト
SOLAN の特徴や願いを表す
校歌をつくろう

ねらい

・学校の特徴や願いが理解でき，歌い継いでいける楽しい校歌をつくる。
・音を音楽へと構成することを通して，まとまりを意識した音楽をつくることについて思いや見通しをもつ。
・目的を意識し，経験・想像から書くことを選び，集めた材料を比較・分類して伝えたいことを明確にする。
・言葉がもつよさに気づくとともに，思いや考えを伝え合おうとする。

単元の流れ（全28時）

1/2	提示されたミッションをもとに課題を分析する。
3-5	愛唱歌づくりに必要なことを知り，調査前に計画をする。
6-8	作詞のためにインタビューやアンケート調査をする。
9/10	どんな歌にするのか，集めた情報をもとに整理・分析する。
11/12	意見交換をし，活動計画をまとめる。
13-18	愛唱歌づくりのための作詞／作曲をする。
19/20	第一案を披露し，評価・フィードバックをもらう。
21-24	もらった評価・フィードバックをもとにアップデートする。
25/26	発表方法を計画し，準備をする。
27	保護者や専門家に向けて発表会をし，評価してもらう。
28	プロジェクトを振り返る。

授業のポイント

1. ミッションの形でプロジェクトの課題提示

　勤務校では，各教科で習得した知識・技能等の資質・能力を活用する場として，教科横断的なプロジェクト学習を行っています。プロジェクトに取り組む中で，各教科等の知識を活用せざるを得ないテーマを教師が設定し，その解決を目指す中で各教科等の知識を活用したり，そもそも必要な知識は何かということを考えたりします。

　これまではプロジェクトの始めに私自身が子どもたちに課題を発表してきましたが，今回は理事長に授業に参加してもらい，理事長から「学校のみんなで歌える歌をつくってほしい」というミッションが提示される形でスタートしました。校歌のない学校にとって，「学校が理解

できる」「みんなが楽しんで歌える歌」を，今後ひっぱり続けていく一期生の3年生（実践当時）につくってほしいという熱い願いを理事長から伝えてもらいました。

　単元冒頭で，プロジェクトの目的，活動のプロセス，成果物といった目標や構成を子どもと共に共通理解をもつことは前提として，そこに必要性やモチベーションが加わることで，プロジェクトを進める子どもの意欲がさらに高まります。

2. ゲストや専門家の授業参加

　プロジェクトの授業は担任の私を中心に学年団で進めていますが，ゲストや専門家等，普段授業には関わらない人に入ってもらうことで，さらに単元

や授業自体が特別なものになります。本単元では課題提示の際の理事長に加え，音楽科の教員，作曲家，情報収集の対象として全校保護者や他学年の子ども，また学校設立の思いを聞くため理事長に再登場してもらう等，たくさんのゲストや専門家に関わってもらいました。ゲスト

や専門家への事前交渉はプロジェクト設計の段階で教員が行うものの，プロジェクト進行時は子どもたちが説明して交渉し，参加してもらうリアリティも大切にしました。準備と進行に時間と労力のかかる大変さはあるものの，普段とは違う集団で授業を進めるその効果は，その何倍にもなります。

3．情報収集の方法とその特徴理解

単元の中で複数回，情報収集の活動を行いました。主には歌詞づくりに役立てる「学校のイメージ調査」と「学校の設立に込められた思いの調査」の2つです。イメージ調査では，全学年の子どもと保護者，そして学校の教員やスタッフ，合計116人を対象に行いました。こちらはデジタルのアンケートフォームを使いました。また「学校の設立に込められた思いの調査」では，理事長に説明してもらった後に質問をしてさらに深掘りしました。

この2つを計画した段階で大事にしたのは，「目的」をしっかりと意識した上で，対象と方法を子どもたちと決めることです。特に情報収集の「方法」について，今回はアンケートとインタビューを行いましたが，何のために誰からどんな情報を得たいのかをしっかりと確認した上で，その目的にはどんな方法が合うのか，方法それぞれの特徴を整理しながら話し合い，決定しました。アンケートフォームのスキル習得は容易ですが，そのメリットやデメリットと特徴をきちんと理解しなければ，目的とのズレが生じるため，活動を計画するプロセスを大切に考えています。

他の授業での応用アイデア

① 情報収集の方法選択

　前述した「情報収集の方法」の決定までのプロセスは、次年度にプロジェクトで行ったインタビュー活動でも役立ちました。アンケートの特徴を理解した子どもたちは、「学校の困り事」を調査することを目的とした際、前年度に経験したアンケートも候補に挙げつつ、「詳しく質問して答えてもらえる」ことを理由にインタビューを選択しました。

　書籍やインターネットを含め、様々にある情報収集の方法のスキルを習得するだけでなく、習得後の活用として文脈あるテーマで選択する経験は、その後の子どもたちの学習活動や実生活に生きてくる重要な活動だと考えています。

② ゲストの授業参加

　ゲストや専門家の授業参加は効果的であるものの、人材を探す等の計画を負担と考えるかもしれません。ただ、「ゲスト」は校内にいる教職員でも十分特別な存在で効果的です。デジタル端末の操作に詳しい先生に操作説明を教えてもらう、他学年の先生に課題解決の素材として困っていることを聞く、司書の先生に本の説明をしてもらう、作成したプレゼンテーションに客観的な視点でフィードバックをもらうために他学年の先生に見てもらうなど、関わり方は様々です。子どもたちはもちろん、授業者自身も新たなアイデアが生まれたり、ゲストとのやりとりから子どもを見る視点で気づきが生まれたりするきっかけにもなります。

Part7 瀬戸 SOLAN 小学校　荒谷達彦

実践2

4年・総合的な学習の時間（国語×理科×情報）

micro:bit で 学校の困り事を解決しよう プロジェクト

ねらい

・困り事を解決するアプリケーションのプロトタイプデザインを通して，プログラミングの知識・技能を身につける。

・追究する中で，差異点や共通点をもとに，問題を見いだし表現する。

・目的を確認して話し合い，意見の共通点や相違点に着目して，考えをまとめる。

・目的や意図に応じて，話の内容を捉え，他者の考えと比較しながら，考えをまとめる。

単元の流れ（全23時間）

1/2	提示されたミッションをもとに課題を分析する。
3/4	活動のプロセスについて，取り組む流れを話し合う。
5-7	情報収集のためのインタビューを計画し，実施する。
8/9	収集した情報を整理し，共有する。
10/11	解決する困り事を決める。
12/13	困り事を分析し，解決する方法を考える。
14/15	アプリケーションデザインを図にまとめる。
16-19	図をもとにアプリケーションをデザインする。
20/21	見せ方や発表方法を計画し，準備をする。
22	保護者や教員に発表会をし，評価してもらう。
23	プロジェクトを振り返る。

授業のポイント

1. プロジェクト内で活用する知識・技能等のディスカッションをする

実践Ⅰの「愛唱歌プロジェクト」でも紹介しましたが、勤務校では教科横断的なプロジェクト学習を行い、各教科の知識等を活用せざるを得ないテーマを教師が設定しています。今回は、課題発表をした後、課題を

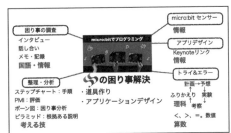

詳しく分析するために、子どもに「このプロジェクトを達成するために必要な教科の知識等はどんなものがある？」と問いかけ、グループで話し合わせました。その結果クラス全体でまとめたのが上記の画像です。

モジュール型で行っている情報のICTスキルや考える技の授業で習得している思考ツール、困り事を調査するためには国語の知識・技能、そしてmicro:bitを使う際には統合・不等号、そして理科の実験のようにトライ＆エラーを繰り返す等のアイデアが出ました。課題解決を目指す中で各教科等の知識を活用したり、そもそも必要な知識は何かということを考えたりするプロジェクト学習の考え方を、子どもたち自身が一定度合い理解していることがわかります。

2. インタビューを行い、自分たちで課題を見つける

micro:bitを活用した学校の困り事解決を目指した今回のプロジェクトでは、子どもたち自身で学校の様々な先生にインタビューをし、課題を見つけました。プロジェクト計画時にこちらで10名ほどピックアップし、困り事の検討依頼をした上で、実際の授業では幅広く学校の困り事を解決するためにどんな先生にインタビューしたらいいかを子どもたちと話し合い、管理職、他学

年担任，図書館司書等の8グループに分かれてインタビューを行い，詳しく困り事を聞き出して解決策を考えていきました。プロジェクトの大テーマとなる課題は教師側が設定しましたが，そのゴール達成に向けたプロセスは子どもたち自身で考えました。解決に向けてトライ＆エラーを繰り返し，アイデアが課題解決につながっているかを確かめるために途中で再度インタビューをするグループもあり，主体的に取り組む姿勢が印象的なプロジェクトでした。

3．思考ツールの活用

　子どもたちと課題を分析する際には，思考ツールの活用が非常に大きなポイントになりました。

　インタビュー結果をもとに，困り事を多面的に分析するためのボーン図，アイデア出しのためのイメージマップ，出したアイデアを評価・絞り込むためのPMIシート，またmicro:bitの動きをステップチャートで表すなど，協働的な課題解決を進めるためにこれらのツールを多くの場面で活用しました。これにより，3年生の頃から1年以上取り組んできた思考ツールの実践的な使い方を実感することができました。

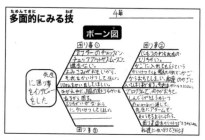

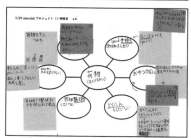

他の授業での応用アイデア

① 各段階で思考ツールを活用する

授業のポイントでも述べた通り、勤務校ではモジュール型の考える技という授業で、思考ツールを使った思考スキルの習得に取り組んでいます。紹介した活用以外にも、物事や登場人物の特徴を比較するためのベン図や分類するためのX/Yチャート、相関図のように関

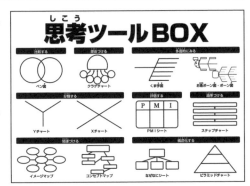

係性を整理することのできるコンセプトマップ、またピラミッドチャートを活用し自分の考えを組み立てながら筋道立てた文を書くことなど、1人で取り組むことはもちろんのこと、他者と協働的に取り組む際に考えを整理しながら可視化することにも役立ちます。

② 活用した知識・技能等を単元終わりで振り返る

単元開始時に、どんな知識や技能を活用するかのディスカッションを行うとご紹介しました。これを応用して、教師が意図的に教科横断的なテーマを設定した場合には、単元の終わりに「この単元でどの教科のどんな知識を活用したか？」と問い、振り返るとよいでしょう。実際の活動をもとに説明やディスカッションができるため、難易度が少し下がり、各教科で習得した知識や技能を活用できる意味のある学びだったという実感を子どもたちがもてるようになります。これにより、子どもたちが生涯にわたって学び続ける学習者になるために、現在学んでいることを自由に活用できるというイメージがもてることを理想と捉えています。

Column   塚本恵梨　×　荒谷達彦

過去の経験が未来につながる

塚本　荒谷先生の原稿の中で挙げられた３つの能力は，まさしく「基盤」
になるものだと思いました。教科の学習において意識されていること
はありますか？

荒谷　今の環境にいて，授業でやったものが使えるようにならないと意味
がないという意識が高まっています。ただ，それは使う機会や使うイ
メージがないとできないことだと思うので，授業の中で意図的に取り
入れるようにしていますね。

塚本　「覚えたことが使えてこそ」という意識は大切ですよね。

荒谷　「これ，何の意味があるんだろう？」という問いは，自分が子ども
の時にまさに思っていたことなんです。

塚本　教える側にとっては厳しい問いですね。

荒谷　そうですね。だからこそ暗記や詰め込みだけの授業には違和感があ
って，必要な知識を教える時にも，点と点をつなげられるようなエピ
ソードを紹介したり，その知識を使って考えるような課題を出したり
することを意識しています。

塚本　なるほど。先生自身が子どもの時に感じた思いが，今の授業につな
がっているんですね。

荒谷　そうですね。知識を教え込むだけでは，授業をしていても面白くな
いですし。

塚本　それ，よくわかります。そうした授業では，３つ目に挙げられてい
た「問題発見・解決能力」が重要になると思いますが，育成が難しい
能力だと書かれていましたよね。どういう点でそう思われますか？

荒谷　最終的に目指すところとして，自分で疑問を見つけて，自分で解決
できるようになってほしいと思っています。ただ，学校ってどちらか
というと与えられるものが多くて…。

110

Column

塚本　確かに，答えがある前提での課題発見っていうのも多いですよね。

荒谷　一方で大人になって求められるのは，小さなヒントから創り上げたり，「このままでいいのか？」という疑問から新しいものを生み出したりすることだと思うんです。でも，普段探究をやっている中でも，テーマを見つけるところは難しいと感じています。

塚本　私も，テーマ探しに迷っている子によかれと思って提案しても，なかなかしっくりくるものがなくて困ったことがあります。

荒谷　言語能力や情報活用能力については，教えられるやり方がいくつもあるのに対して，問題発見の場面では HOW-TO を教えることが簡単ではないなと思います。点数や成果として見えにくいものですしね。

塚本　子どもたち自身には，そうした能力が身についてきたという実感はありそうですか？

荒谷　探究の取り組みを重ねてきて，「探究」について語る子も出てきました。自分自身のテーマの変遷を振り返っている話を聞くと，自分で成長を感じているんだと思いますね。

塚本　やりたいと思うテーマにどうやって出会うことができたのか，その子に聞いてみたいです！

荒谷　テーマとの出会い方って，その子自身が積み重ねてきた経験によるものが大きかったりするんですよね。だからこそ，探究を経験し，それを教師が一緒に考えていくことが大切だと思います。そして，幼少期に「これは何？」「どうして？」と発見と疑問を繰り返していた経験をこれからはもっとベースにできるといいなと思います。

塚本　何でも不思議に思える時期ってありますもんね。これまでの自分の経験がつながるかもしれないということを子ども自身がもっと意識できるようになれば，そもそもの学ぶ姿勢にも変化が生まれそうですし，問題発見の過程での選択肢が増え，考える時間が楽しくなっていきそうですね。

近畿大学附属小学校　塚本恵梨

Q 「未来の学び」をつくるために必要なことは？

A 考えることを楽しむ力を育むこと

自分軸で考える力，自分事に捉える力

　自分の知りうる世界が狭い小学生にとって，その中心にいる自分自身の存在は，大人よりもずっと大きいことでしょう。他人の考えに左右されることなく自分軸で考えるということは，子どもたちの方が得意なのかもしれません。自分の願いや思いに素直であるとも言えるでしょう。未来を豊かにしていくためには，自己実現や自己決定など，自分の願いを強くもって行動しようとすることも大切です。

　一方，**自分の世界が広がり，考えるテーマが大きくなるにつれ，自分の経験を超えたところにある物事に対して，当事者意識をもって考える力が必要になっていきます。**その途端，「自分で考える」「自分の考えをもつ」ということに対して苦手意識をもつ子が増えていくように感じます。「知らないからわからない」というシンプルな理由かもしれませんが，世の中の様々な問題を自分事として考える力もまた，未来を生きる子どもたちにとって欠かせないものであると考えます。そうした実感をもてるような経験を積ませていくことが，学校に求められていることではないでしょうか。

考える過程を大切にする

　自分事として考えることが難しい子どもの中には，考えるための知識や経験が足りないだけでなく，自分の頭の中にあるまとまらない言葉を前にして，諦めている子もいるでしょう。「考えていないわけではないのに，惜しいな

あ…」という言葉をかけたくなるような子です。教師はそうした子どもの考えの過程を見取り，言葉にならないものを可視化するための手立てを講じていくことが求められます。大変なことのように感じますが，子どもの思考が見えてくる過程は楽しいものです。ICT機器の普及により，可視化させる方法は多様になりました。子どもと大人の共通言語となるようなツールが増えたことで，子どもの思考を見取りやすくなりました。そうしたツールを活用しながら，考えることを一緒に楽しんでいきたいものです。

　また，考えがまとまっていない過程でこそ，意見を交流するような機会をつくることも有意義な時間となります。正解がわからない問題に対して考えていくような場面では，様々な視点で問題を見ることが求められ，正解を導き出すこと以上に，その過程に価値があると思います。

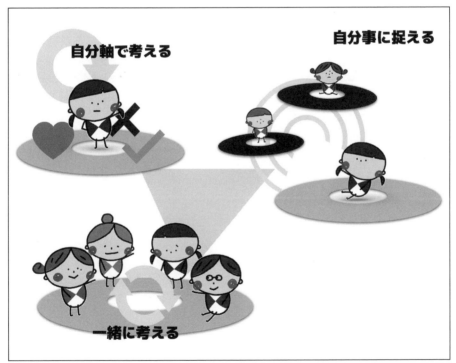

Part8

実践1

近畿大学附属小学校　塚本恵梨

5年・社会

未来の自動車をデザインしよう

ねらい

・現在ある自動車技術に目を向けさせることで，具体的なコンセプトを考えられるようにし，その先にある進歩の可能性について考えさせる。
・現実的な願いを出発点にすることでイメージを具現化させ，交流場面において自分の考えを相手にわかりやすく伝えようとする意識を養う。

単元の流れ（全6時）

1	開発されている技術について調べる。
2	ターゲットとコンセプトを考える。
3	具体的なイメージを形にしてまとめる。途中段階で交流を行う。
4	プレゼン資料の作成。スライドに説明の音声を加える。
5	全体でのプレゼン発表。相互評価を行う。
6	振り返りを行う。

授業のポイント

1. 想像力を刺激する

　「未来の自動車」という題材を聞いて、子どもたちはまず空想の世界を走る夢のような自動車を考えました。羽の生えた空飛ぶ自動車・瞬間移動できる自動車・目的地を設定すれば連れて行ってくれる自動車など、もし図工の課題として取り組ませるのであれば、そんな自動車を表現する活動も面白いだろうなと思います。子どもたちの豊かな想像力で、きっと素敵な自動車がたくさん生まれることでしょう。

　今回は社会科としての学習なので、まずは現在の自動車技術や環境に関する情報を集めることから始めていきました。そして、そこからどのような進化が可能かを考えました。今あるものを確かめることで、ない（足りない）ものに気づくことができます。ゼロから何かを生み出そうとする前に、あるものに目を向けさせることは、どんな学習においても大切にしたいことです。

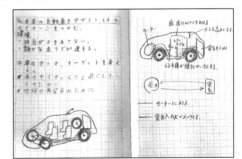

2. 思いに焦点を当てる

　新しい技術が開発されるとき、そこには人々の願いや思いがあるはずです。今回の課題では、この願いや思いに焦点を当てて、ターゲットとコンセプトを考えました。まずは自分や自分と近しい人の願いを具体的にイメージします。家族と自動車で出かけるときに思うこと・道路を走っている自動車を

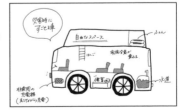

見て考えたこと・将来自分が運転するときにあったらいいなと思うものなど，身近なことから考えていきました。具体的な相手を思い浮かべることで，最終的なイメージが具現化されます。自由な発想で考えるのが苦手な子でも，答えは自分の中にあるので，自分なら…を出発点に，いろいろなアイデアを考えることができていました。

3．交流の機会を大切に

　今回の課題では，個々に未来の自動車を考えたので，最終のプレゼン発表も個人で行いました。ただし，全員が具体的なイメージやアイデアを考え出せたところで，途中段階の交流を行いました。この時間によって，子どもたちのアイデアがいっそう広がったと思います。なお，プレゼン発表を授業で行う場合，子どもたちは途中経過を見せるのを嫌がることが多いです。見せたくない理由を聞くと，「完成したものを見せたい」「できていないものを見せるのは恥ずかしい」という意見が返ってきます。しかし，まとまり切らない考えを誰かに伝えることで整理することができたり，自分では思いつかなかったアイデアを友達にもらえたりするので，途中段階の交流はとても有意義な時間です。その意義と面白さを子どもたちにも伝えるようにします。

　また，途中段階における教師からのフィードバックも必要であると考えます。完成したものだけを評価する（総括的評価）のでなく，子どもの考えの過程を把握し，途中段階でのフィードバックを返すこと（形成的評価）で，子どもの学びをさらに深めていくことができるでしょう。

　最終プレゼンでは，子どもたちが思い思いに自分の考えた未来の自動車を語ってくれました。イメージが具体的で，実現可能性がありそうだからこそ，「確かに！」という反応を示しながら聞いているのがとても印象的でした。「自分なら…」から出発したからこそ，その着地点に「友達からの共感」があったのだと思います。そうした経験が自分で考えることへの自信にもつながっていくのではないでしょうか。

他の授業での応用アイデア

① 図工で取り組む「未来の自動車」

　上述したように，もし図工の授業で取り組むのであれば，空想の世界を走る自動車を考えさせます。ただし，ターゲットとコンセプトを考えることは同じです。夢のような自動車を自由に描くだけでなく，使い手を想像し，それに合わせてどんな機能をつけるのか，目的をもって考えさせるようにしたいです。図工であれば絵画だけでなく，様々な材料や用具を用いて造形的な表現に取り組むこともできるでしょう。表現方法が多様になることで，子どもの考える力はより高まると思います。また，鑑賞する際にコンセプトを共有することで，自分とは違った見方や感じ方にふれることができ，考えの幅を広げることにもつながると思います。

② 「あったらいいな」を考える（国語）

　２年生の国語で「あったらいいな，こんなもの」（光村図書）という単元があります。実際に２年生でこの授業を行ったときに，「今の自分の生活をちょっとよくするための道具」という視点を与えたところ，自分の困り事を考えてから「あったらいいな」と思うものを考えている子がいました。自分が考えた道具について他の人に伝えるときには，自分の困り事という具体的なエピソードがあることで，考えた理由から詳しく話すことができていました。困り事やその解決方法が子どもらしい視点で考えられていて，聞いていてとても面白かったです。

　質問したり感想を伝え合ったりする活動を行うときに，話し手に「話したいことがある」というのは大事な要素だと思います。自分の困り事を出発点にすることで，こうしたねらいも達成することができると考えます。

Part8

実践2

近畿大学附属小学校　塚本恵梨

6年・社会

歴史上の出来事を4コマ紙芝居で伝えよう

ねらい

・歴史的事象について，時代背景や人物像に焦点を当てることで，理解を深められるようにする。
・グループでの活動を通して，自分と違う考えにふれたり，役割分担して作業を進めたりし，協働的に学ぶことのよさに気づく。

単元の流れ（全7時）

1	どのような出来事なのかを調べる。
2	時代背景について調べる。前後の時代と比較する。
3	登場人物について掘り下げる。グループで話し合って考える。
4	重要なポイントを絞り，ストーリーの展開を考える。
5	グループで役割分担をして，四コマ紙芝居を作成する。
6	グループ間で共有する。
7	振り返りを行う。

授業のポイント

1. 想像することを楽しむ

　「どうして歴史を勉強するの？」という問いを子どもに投げかけられたとき，面白いからと答えると，「どこが!?」という反応が返ってきます。歴史を単なる暗記事項の羅列だと思うと，当然大変なものに感じるでしょう。でも，時代背景や登場する人物の性格など，様々な要因が絡み合っていることを意識させることで，想像する余地が生まれ，歴史は暗記するものという考えも変わるのではないかと考えました。

　人物像の掘り下げは，「自分なら」と考えるには最適の材料です。現代の小説や漫画の主人公に感情移入するように，歴史上の人物の人となりと，どんな思いがあったのかを考えさせます。そのためにはまずは正確な情報が必要になります。さらに集めた情報をもとにグループ内で話し合いながら考えさせることで，その人物や出来事の様々な側面が見えてきます。事実と想像を織り交ぜながら進めていくことで，子どもたちの歴史に対する抵抗感を薄れさせることができたのではないかと思います。

2. 自分の得意を生かす

　今回の課題はグループで行いました。そのよさの1つは上述のように，人物や出来事についてそれぞれの考えを共有することで，視点を変えて考えることができる点です。そしてもう1つ，それぞれの得意なことを生かせる場をつくることで，理解を深めることができるというポイントがあります。

　例えば，歴史が好きな男の子は自分が知っていることを嬉々として話して

いました。教科書や資料集には載っていないエピソードが加わることで，話を聞いた子どもたちの興味が高まりました。また，お話を考えることが得意な子は，出来事の重要な転換点を書き出し，紙芝居のストーリーの起承転結を考えていました。こうしたまとめ方ができるのも，国語で学んだことが生かされているためです。絵を描くのが得意な子は，紙芝居の絵を描いていました。一方，絵を描ける子がいないグループでは，得意な子がインターネットで使える素材を探して作成していました。足りないところは補い合い，得意を生かせる場をつくることで，子どもたちは意欲的に取り組むことができていました。さらに，課題の関わり方に違いはあれど，自分の得意な方法で関わっているためか，理解も深まっていると感じました。

3．聞き手も考える

共有場面では，出来事について理解できたかどうかだけでなく，「自分なら」と考えさせることも意識しました。4コマ紙芝居に登場したキャラクターの思いを想像し，「もし自分が〇〇だったら…」「きっと〇〇は…」と考えられている子が多かったです。中にはその時代の農民の生活を想像し，出来事の前後の変化によって生じた困り事について考えている子もいました。自分が実際に見聞きしていない出来事に思いを馳せるという行為は，誰もができることではなく，そうした考え方をすることを繰り返して習得していくものだと思います。すべての出来事が現代と結びつけて考えられるものではありません。でも，その出来事に関わる人物やその時代に生きた人々の暮らしを想像することは，現代における様々な問題を自分事として捉えることにも通ずるものがあると思っています。

CHAPTER02　Apple Distinguished Educators の「未来の学び」実践集

他の授業での応用アイデア

①　お話の続きを考える（国語）

　国語の学習において，教科書で読んだお話の続きを考える活動を行うことがあります。このようなケースでは，ノートや原稿用紙に続きを書かせることが多いと思いますが，長い文章を書くことが苦手な子どもにとっては，せっかくお話を考える活動が楽しくできたとしても，書くことを苦痛に感じてしまうことになります。

　そのようなときに４コマ紙芝居のように視覚化させることで表現方法の幅を広げることができます。物語の構造や登場人物の心情を理解しているかどうかは，視覚化したものであっても見とることができます。言語化することが苦手な子どもにとっては，視覚的要素から入ることで考えることのハードルを下げることができるのではないでしょうか。

②　日常会話のシーンを表現する（外国語）

　英語を用いた日常会話のシーン（レストランでの注文，友達と約束する，店で買い物をするなど）を４コマ紙芝居で表現することで，場面に合わせたフレーズの使い分けや会話の流れについての理解を深められると考えます。視覚的な表現が加わることで，聞き手にもわかりやすくなります。

　また，日常会話のシーンだけでなく，文化的なイベント（ハロウィン，感謝祭，クリスマスなど）の紹介にも活用できるでしょう。イベントにまつわる言語を習得するだけでなく，そのイベントの起源や行われる活動について調べ，発信することで，異文化理解を深めることにもつながります。

121

Column   山下若菜　×　塚本恵梨

それぞれの強みを生かした，考える場の設定

山下　塚本先生は，「考える場の設定」というものを大切にされていましたが，なぜ大切にしたいと考えるようになったのですか？

塚本　学校は，初めて学ぶことに対して，授業で習って初めて知る子，先行知識がすでにある子，なかなかすぐに理解が難しい子，と背景が違う子どもたちが一緒に学ぶ場です。だからこそ，まずは自分のもっている知識をつなげていく時間が必要になります。そこで，教師が意識的にその時間を設けないといけないなと考えるようになりました。

山下　たしかにそうですよね。私も，課題を提示した瞬間に「知ってまーす！」という子どもに対して，どのように対応すればよいのか迷った経験があります。具体的に，「考える場の設定」はどのように行ったんですか？

塚本　歴史の授業で「平安貴族がどのような暮らしをしていたのか考えよう」という課題があったとき，大抵の子は教科書や資料集を見て知るのですが，やはり先行知識がある子がいて。そこで子どもたちに，「先生も研修とかでするんだけど，"ウェビナー形式"でやってみない？」って提案したんです。

山下　なるほど。自分がもっている知識を出し合ってディスカッションする様子を見ながら学ぶという手段を選んでもいい，ということですね。おもしろいですね。

塚本　そうなんです。子どもたちも"ウェビナー形式"，というものをイメージすることができたようで，「やってみたい」ということになったんです。

山下　実際にやってみてどうでしたか？

塚本　はい，想像以上に盛り上がりました。知識をつなげて話したい子たちは積極的にディスカッションをして，周りでその様子を見ているだ

けも OK。メモをしたり，話を聞きながら気づいたことを呟いたりノートに書いたり。それぞれ自分の『居たいポジション』を選んでいました。

山下 『居たいポジション』！　いいワードですね。

塚本 学び方を選べるのって大事ですよね。実際，周りで見ている子たちもものすごくノートにメモをしていて，かなり集中していました。

山下 その時，塚本先生は教室でどのようなポジションでいたのですか？

塚本 私もいろいろなグループをまわって，うんうんって聞いていたり，質問してみたり，全体を見ながらサポートしていました。

山下 私は，教室は「安心安全な場でなければならない」と考えているのですが，まさにその時の塚本先生の教室は，自分の『居たいポジション』が保証されていて，安心安全な教室だったんでしょうね。

塚本 もちろん，どの授業でもそのような形式でするわけではないんです。基本的な話の聞き方や話し方，iPad の基本的な使い方など，こんな風にしていくんだよ，こんなことを大事にしているんだよ，というのは盛大に伝えていきたいので。

山下 たしかに，基本的なことは盛大に伝えないといけないですよね。基本が備わってこその，『居たいポジション』でのウェビナー形式が実現するのだと思います。

塚本 はい。そして子どもたちが自分で勉強してきたこと，いわゆる知識という武器をもって，協働が成り立つと思います。そして子どもが主役で中心の授業は，やっぱり子どもたちがいきいきしているように感じます。なにより，そこでのやりとりは自分もとっても楽しいんですよね。

山下 教師自身が楽しむって大切なことだと思います。教師が学ぶことを楽しんでいる姿を子どもたちに見せることができると素敵ですよね。

Part9　熊本市教育センター　山下若菜

Q 「未来の学び」をつくるために必要なことは？

A 学び続ける力を育成すること

「学ぶって楽しい！」を実感できる授業にアップデート

　変化の激しい時代，更には「人生100年時代」のこれからは，必然的に働く時代が長くなっていきます。従来の［教育，勤労，引退］という「3ステージ型」から，様々な分野で働く「マルチステージ型」へ移行されると言われています。そのような時代は，何歳になっても「学び続けることができる」力が重要になってきます。

　しかし私自身，学生時代は学ぶことが苦行としか思えず学ぶことから逃げていました。ただ，自分が教師という立場になったときタブレット端末が導入され，できる選択肢が増えたことをきっかけに，今までとは違うことにチャレンジしようと，思いきって授業のスタイルを変えてみました。すると今まで気づくことができなかった子どもたちの表情を見ることができたのです。国語で物語文にBGMをつけて心情の変化に着目する実践や，算数で分数を下級生に教えるために動画づくりにチャレンジする実践を行うと，教師が言わなくても対話が生まれ，子どもたちは自然と試行錯誤を繰り返し，よりよくしたいという気持ちで活動をしていきました。

　この活動を通して子どもたちは，今まで私が勝手につくりあげていたイメージとはまったく異なる表情を見せてくれたのです。友達とチームになって問題を解決したり，新しいものを創造していったりという授業での子どもたちは，本当に生き生きしています。このような，「学ぶことが楽しい！」という経験こそが，「学び続ける力」につながると考えます。

教科を探究ベースの学習にシフトチェンジ

　「学ぶことが楽しい」の経験を積み重ねるためには，教科を探究ベースにしていく必要があると思います。社会課題を発見し解決するために，対話を繰り返してコミュニケーションを図ったり，それぞれの強みを生かしたコラボレーションが出てきたり，さらにはそこからアントレプレナーシップのような新しい価値を生み出すものを創造するなど，探究ベースの学習ではこれらのスキルが育まれやすい状況になります。また，子どもたちが自ら選択しながら進む学習は，子どもたちの意欲も高く「学ぶ楽しさ」も実感しやすくなります。

　学ぶ楽しさを知っている子どもたちは何歳になっても学び続け，きっと変化が激しく不確かな世界でも対応できる柔軟な力が身につくのではないかと考えます。

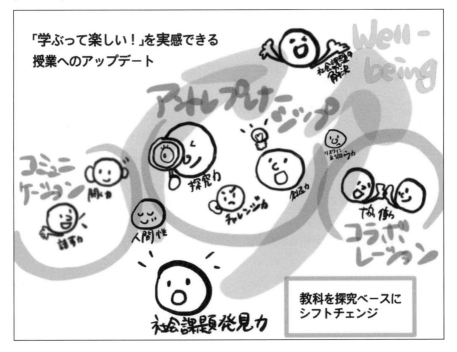

Part9

実践1

熊本市教育センター　山下若菜

教員研修・国語（4年）

ことわざや故事成語を動画にしよう

ねらい

- 「動画を作成する」という活動を通して，それぞれの強みを生かしたアウトプットができるよう役割分担を行いながら，協働する楽しさを味わえるようにする。
- 課題を自分事にすることで，先生から「教わる」だけの一方的な授業ではなく，子どもたちが「学びとる」ことができるような授業デザインを意識できるようにする。

授業（研修）の流れ（90分）

1	アプリ（Clips）の操作を知るために自己紹介ショート動画をつくる。
2	どのことわざ・故事成語の動画をつくるのかくじ引きを行う。
3	班ごとに作戦会議を行い，どんな動画にするのか話し合いを行う。
4	班ごとに動画制作を行う。
5	他の班と作品を共有する。
6	他の授業でどのように生かすことができるかディスカッションする。

授業のポイント

1. このお題をどうやって動画にするかの作戦会議をする

　「ことわざや故事成語を動画にしよう」という内容なのですが，どのことわざを動画にするのかはくじ引きで決まります。研修に来てくれた先生方はくじ引きで決まったお題を見て，急いでどんな動画にするのか作戦会議を行います。そのことわざや故事成語にはどんな意味があるのか，ことわざや故事成語をどんな場面で表現するのか，カメラマンや役者・編集など役割分担はどうするのか，など，決めなければならないことがたくさんあります。

　この動画づくりの最大のポイントは，「ことわざを自分たちの生活の中に落とし込む」ということです。「さるも木から落ちる」を，単にさる役の誰が木から落ちる，という動画にするのではありません。「得意なことがある人でも，時には失敗することもある」という意味を理解し，普段の生活でその場面を具体化して表現するということです。こうすることで，本当の意味で，ことわざや故事成語を理解できたといえるのではないでしょうか。

2. 時間を区切って動画作成を行う

　最初に動画提出の時間を提示します。その時によって時間は変わるのですが，作戦会議と動画作成・編集を合わせて，大体平均で30分くらいです。作戦会議を終えた班から，教室を飛び出し動画撮影に入ります。作戦会議を早々に終わらせて動画撮影に入る班と，じっくりと時間をかけて作戦会議を行い，すべて決まってから動画撮影に入る班と，それぞれのスタイルがあります。どちらのスタイルでも問題ないのですが，ここで班の様子を見ていく時のポイントがあります。それは，声をかけるタイミングと引き際です。班によって，どんどん進めていく班はそのまま任せるのですが，明らかに話し合いも作業も進んでいない班には声をかけていきます。今，どこで止まって

いるのか，どのような状態で困っているのかを把握します。そして，どんなことをしようとしているのか，どんな方法でしたいと思っているのかなどを引き出しながら，一緒に思考を整理していきます。班の人たちの発言が増えてきて，見通しがついたなと感じたらフェードアウトしていきます。

　これは実際に子どもたちに授業する際にも同じことが言えると思います。声かけのタイミングと引くタイミングの見極めは大事にしたいところです。

3．どんな作品ができたか，作品共有タイムを設ける

　いよいよ作品が出来上がったら共有タイムです。これもいろいろとやり方はあります。比較的少ない人数であれば，そのまま全体共有に入ってもいいのですが，人数の多い職員集団の場合は，全体共有の前に，班同士での共有タイムを行います。大切な

のは，どのようなポイントで動画をつくったかを伝えたり，動画を見てよかったところや改善できそうな点のアドバイスを伝え合ったりする時間を取ることです。そうやって対話を繰り返すことで動画がよりブラッシュアップされたり，思いを言語化したりすることで，より学びが自分のものになっていきます。さらには，自分の学年や教科ではどのように活用できるかというディスカッションも大切な時間になります。

　このような研修の実施後，先生方からは，次のような感想をもらいました。

・仲間との協働が自然にできると感じた。
・「動画を撮る」という目的を達成するために，「調べる，意味を実演しようと考える，協働して取り組む」とたくさんの道のりがあった。
・今までの「教える授業」からの脱却をするために，このような手法も取り入れたい。

他の授業での応用アイデア

① 問題の解説動画を作成する

　算数や社会や理科，どんな教科でもいいのですが，問題の解説動画をつくります。解説動画をつくるためには，本当に自分がそのことを理解できていないと説明することができません。今まで先生から一方的に聞くだけだったインプットよりも，さらに高次なインプットをしようとします。

　さらには，ただ「動画をつくろう」ではなく，「下級生に向けた解説動画にしよう」と具体的に相手意識をもたせることで，さらにわかりやすく正確に伝えようとします。

② 委員会活動で全校への啓発動画を作成する

　授業以外の時間にも実践し，クラスや学年を超えて取り組むことで，より楽しく動画をつくることができます。例えば，「廊下は歩きましょう」動画や，「あいさつ運動」動画を児童会でつくるとします。子どもたちには，お題だけを伝えることがポイントです。するとどうやったら全学年に伝わる動画になるのか，幅広いアイデアがたくさん出てきます。自分たちでよい例と悪い例を実演してみたり，廊下で走ってケガをしてしまった事例を養護の先生に聞いてみたり，実際にあいさつ運動をしているところを撮影してみたり。

　出来上がった動画は，朝の時間や給食の時間など，各クラスが視聴しやすい時間に見てもらいます。先生から言われるよりも，友達や知っている上級生から言われる方が効果はあります。動画をつくった子どもたちも，ダイレクトに見てもらった時の反応を見ることができるので，次はこうしてみようかなというアイデアも生まれます。委員会活動なので動画作成のスキルも横展開することができます。

Part9 ——— 熊本市教育センター　山下若菜 ———

実践2

教員研修・国語（2年）

つながりからお話を
"想像" して "創造" しよう

ねらい

・国語の見方・考え方を働かせながら絵を見て続きのお話を考えること
　で，順序立てて考える力や感じたり想像したりする力を養う。

・いろいろな視点から考えることができるよう，何度も試したり対話を
　したりすることで想像力をふくらませていく。

・何度もやり直しできるというデジタルのよさを生かし，自分の表現し
　たいことにこだわり，試行錯誤する。

授業（研修）の流れ（90分）

1	アプリ（Keynote）の操作を知るために，「わたしのお気に入り」を写真に撮って背景を抜き，紹介する。
2	3コマ目だけ抜けている4コマ漫画を知る。
3	どんなお話なのか，全体で共有していく。
4	3コマ目をそれぞれ考える。
5	他の班と作品を共有する。
6	他の授業でどのように生かすことができるかディスカッションする。

CHAPTER02 Apple Distinguished Educators の「未来の学び」実践集

授業のポイント

1．穴あきの4コマ漫画を見て想像力をふくらませる

　最初に先生たちに見ていただくのは4コマ漫画です。しかし，この4コマ漫画には3コマ目がありません。いわゆる，起承転結の「転」がない状態です。みんなでもともとあるコマを見ながら，どんなお話なのかを共通認識していきます。「2コマ目はこんな風になっていたのに4コマ目では解決している」「このときの持ち物がこれだから，これを使って解決したんじゃない？」など，様々な意見が飛び交います。登場人物，背景，持ち物など…これらから多様なパターンを想像していくのです。この時間をしっかりと確保していくことで，空白の3コマ目を創造することがより楽しくなります。

　ここでのポイントは，いかに「お話をつくるのって楽しい！」「早くつくってみたい！」と思わせることができるか，です。想像力を働かせる時間を確保せずに，「はい，つくってみてください」というと，どうしても手が止まってしまう人がいます。ペアで話したり，グループで話し合ったりしたことを全体でも共有し，そこから新しいアイデアを得ることで，どんどん制作意欲が高まっていき，「つくりたい！」を引き出すことができます。

2．空白の3コマ目を考え，創造力を解放する

　しっかりと想像をふくらませた状態で，いよいよ空白の3コマ目を考えていきます。その時の手立てのポイントは，「前後のつながりがあるのか」ということです。先生たちの研修ではあまりないのですが，子どもたちの場合はたまに前後の文脈がつながっていないことがあります。その時には，「どうしてこうしたの？」と，子ども自身が自分の思考を整理することができるような声かけをしていきます。そもそものストーリー，2コマ目と4コマ目の登場人物の表情や持ち物を一緒に確認することで物語の順序を考えていく

ことができます。

　さらに創造力を解放するために身の回りのものを見渡してみたり，自分の持ち物を見つめたりするようにも声かけをします。最初にアプリの説明として，自分のお気に入りを紹介するために写真を撮って背景を削除する活動を入れています。その時の素材を改めて見直して入れるという人も出てきます。今回の実践はデジタルで行うので，やり直しが容易にできたり，写真をアニメーションの機能を使って動かしたり，動きの効果をつけたりすることもできます。操作が苦手な人は画面収録を使えば，アニメーションを使わずに指で動かしながら動画にすることもできます。操作でつまずいて時間をかけるのではなく，物語をつくることに時間をかけるように促すのもこの実践のポイントです。

3．自分の考えを表現する時間をとる

　これまでにたくさん人と考えを共有する時間を確保してきました。次に大事なことは，しっかりと作品づくりに没入する時間を確保することです。つくりたいという意欲がしっかり高まっていれば，自分の考えを表現することに一生懸命になります。そこでも手が止まっている人には声をかけて自走できるまでフォローします。これまでの手立てができていれば，手が止まる人が少なくなるのでフォローもしやすくなります。

　ここでもデジタルのよさを生かすことができます。アニメーションを加えるだけでなく，音楽や効果音を入れることもできます。自分でイメージに合ったBGMをGarageBandでつくる人も出てきます。声をマイクで入れるので人がいないところで録音している人もいます。ペアで，「こんなことできたよ！　見て見て！」と教え合い，伝え合いも出てきます。その人に合った学びを見ることができる素敵な時間になります。

CHAPTER02　Apple Distinguished Educators の「未来の学び」実践集

他の授業での応用アイデア

①　1枚の写真から〝創造〟する（国語）

　4コママンガの3コマ目を創造するという，前後のつながりを考えたお話づくりではなく，1枚の写真を見て，どんな場面なんだろうと想像しながらアイデアを膨らませていく活動です。これは，国語の「筋道立てて考える力や豊かに感じたり想像したりする力を養う」にあたります。自分の思いや考えを広げるためにテクノロジーを活用するのです。

　自分の思いをすぐに言語化できない子どもにとって，まずは絵を選んだり描いたり，写真を動かしたりすることで自分の頭の中を整理することができます。また，教師の手立てとしても，その子が選んだ絵や写真を見ながら聞き取りをして，その子がしたいことを言語化する支援になります。アニメーションをつけたり音楽をつけたりしながら，子どもたちの創造力を広げることができます。

②　自分でつくったキャラクターに命を吹き込む（図工）

　図工などで，自分でつくった絵や粘土を写真に撮って Keynote で読み込み，背景を削除してアニメーションをつけます。なぜこの作品をつくったのかという背景があったりストーリーがあったりすると，より作品が生き生きとします。また，最初にこのような単元のゴールを伝えておくというのがポイントで，子どもたちの作品にも深みが出ます。

　Keynote に背景となる写真を入れたり，時間に余裕がある子は音楽をつけたりと，より自分のイメージと近いものを表現することができます。あるいは，声を吹き込むのも楽しいかもしれません。子どもたちは自分でつくったものが動き出す喜びを体験することができます。

Part9

133

おわりに

　近年，AI や ICT 技術の発展に伴い，教育の在り方が大きく変化しようと
しています。従来の画一的な教育ではなく，子ども一人ひとりの個性を生か
した主体的な学びが求められています。このような背景から教師の役割も変
わろうとしています。本書『未来の「学び方」』では，9 名の実践者と共に，
これからの教育の在り方について考えてきました。

　21世紀の教育は，これまで以上に柔軟で，創造的で，個々の生徒に合わせ
たものである必要があります。本書で紹介した実践例が示すように，テクノ
ロジーの積極的な導入，探究学習の推進，そして子どもたちの興味や関心に
応じた教育が求められています。また，教育者としての私たちの役割は，新
しい時代にふさわしい学びの環境を提供することです。テクノロジーを駆使
し，子どもたちが主体的に学び，協働し，問題解決能力を養う場をつくり出
すことが重要になります。これからも私たち教育者は，子どもたちの未来を
見据え，常に学び続けることが求められます。

　この度「未来の学び」について考える機会をいただき，どのような内容で
書き始めればよいか考えていたところ，私が始めにイメージした未来の学び
は，いわゆる近未来映画に出てくるような最先端のテクノロジーを駆使した
学習環境での学びでした。この学習環境では，現在よりも発展した AI や VR
などのテクノロジーが子どもたちの学習の最適化を自動化し，歴史上の人物
との対話，宇宙空間を擬似的に体験，言語以外でコミュニケーション，直感
や感覚を映像化などが実現され，もはや SF 映画の世界のような学びの空間
です。試しに，ChatGTP のサービスを利用して，この未来の学びを表現して
もらうと，この絵をつくってくれました。

おわりに

■ 5つの視点

　ところが，原稿を読み進めると，9名すべて実践者が目の前の子どもたちと彼ら彼女らの将来に真摯に向き合っている姿が見えてきました。実践者が提案する学びとは，この絵のような学び方ではなく，目の前の現実と未来をつなぐ教育です。この現実と未来をつなぐ教育からは，未来の学びについて5つの視点が見えてきました。

　本書での「未来の学び」で提案する5つの視点は以下の通りでした。

　1つ目の視点は，「学びを楽しむ」ことです。学びの基盤として位置づけられます。
　2つ目の視点は，「21世紀型スキル」です。子どもたちに身につけさせたいAIを含むテクノロジーとの関係性やコミュニケーション能力，自己と他者の関係性などが含まれています。
　3つ目の視点は，「創造性」です。独創的なアイデアを生み出す力を育成

することで，未来を切り開く能力を育成します。

4つ目の視点は，「探究・プロジェクト」です。自ら課題を見つけ，解決に向けて探究する学習を通して，主体的な学びを実現します。

5つ目の視点は，「価値観を見直す」ことです。教師の役割を含め，教育が変わっていくことも未来の学びには必要であることを含めた内容です。

これらの視点について触れる書籍は多くありますが，本書の特徴は，実践に基づいた具体的な内容を提案している点です。学術論文のように数値や論理だけで示されるものではなく，各実践者がこれまでの経験から提案する実践例が中心です。特に，「未来の学び方」を自分の現場で実践したいと考える先生方にとって，これらの実践例は非常に参考になるでしょう。

■未来の学び

そもそも，学びとは何なのでしょうか？

私は技術教育を専門とし，アメリカの教育哲学者デューイの問題解決学習や情報科学と心理学を融合した認知心理学を基盤にして研究を続けてきました。個人の「学び」に対する興味から，研究を始めた頃からアメリカへ渡航する機会を得ました。研究を始めた修士時代に問題解決学習を提唱したデューイに出会い，彼が研究したシカゴを訪れた際，ニューヨークでのテロ事件と重なりました。2008年にはカリフォルニア州に家具デザインの勉強のために渡航しましたが，その年はリーマンショックが起こりました。2019年の秋からはSTEM教育の研究のためにミネソタ大学に滞在し，翌年のコロナ禍でロックダウンを経験しました。

学びとは，学術的には「行動の変化」と定義されます。アメリカ渡航での学びは，極端な経験を通じて得られたものです。また，その都度，学習は強化されていると感じます。経験によって行動の変化を起すことができるようです。しかし，ただ単に経験するのではなく，本書で提案した5つの視点を

おわりに

組み込むことで，未来に対応する学びに変わります。

　渡航前に，これらの出来事が起こるとはまったく予測していません。これらの経験を通じて，私は自分自身で「なんとかする」という学びを得ました。問題解決の一形態であるものづくりやエンジニアリングの世界では，状況に応じて適切に方針や設計を変更する必要があります。変更してでも最後までやり遂げることで，次の設計の際にその経験は生かされます。いわゆる経験に学ぶわけですが，予測困難な今の時代に探究活動や問題解決型の学びが見直されていることも興味深く感じます。

　さて，本書を通して，未来の教育は決してSF映画のような空想ではなく，私たち一人ひとりの手で実現できるものであることに気づいていただけたでしょうか。本書で紹介した実践例を参考に，ぜひご自身の教育現場で実践してみてください。また本書が，全国の教育者の皆様にとって，新たな学びのヒントやインスピレーションを提供することを願っています。そして，私たち全員が協力し合い，よりよい教育の未来を築いていくことができるよう，心から祈っています。

　最後に，本書の執筆にご協力いただいたすべての方々，そして読者の皆様に深く感謝申し上げます。

2024年8月

岳野　公人

参考文献・資料一覧

■岳野公人（CHAPTER01）

・文部科学省「学校教育の情報化に関する懇談会（第 7 回）」配布資料 I
「これまでの主な意見」（2010.7.7）
https://www.mext.go.jp/a_menu/shotou/zyouhou/1296728.htm

・Apple Education Community「Everyone Can Create の概要」
https://education.apple.com/learning-center/T020408A-ja_JP

・文部科学省「STEAM 教育等の各教科等横断的な学習の推進」
https://www.mext.go.jp/a_menu/shotou/new-cs/mext_01592.html

・Aismiley 編集部「今さら聞けないシンギュラリティの意味とは？2045年問題を解説！」
https://aismiley.co.jp/ai_news/singularity-2045/

・J. デューイ著　宮原誠一訳『学校と社会』（岩波書店，1957）

■藤原晴佳（CHAPTER02 Part 4 ）

・micro:bit（Microsoft）
https://makecode.microbit.org/?lang=ja

・Minecraft Education（Microsoft）
https://education.minecraft.net/en-us

・AkaDako（株式会社ティーファブワークス）
https://akadako.com/

・レゴ®エデュケーション
https://education.lego.com/ja-jp/

■外山宏行（CHAPTER02 Part 6）
・文部科学省「初等中等教育段階における生成 AI の利用に関する暫定的な
ガイドライン」（2023.7.18）
https://www.mext.go.jp/content/20230718-mtx_syoto02-000031167_011.pdf

■山下若菜（CHAPTER02 Part 9）
・文部科学省「アントレプレナーシップ教育の現状について」（2021.7.30）
https://www.mext.go.jp/content/20210728-mxt_sanchi01-000017123_1.pdf

・内閣府「Society 5.0の実現に向けた教育・人材育成に関する政策パッケー
ジ（案）【CSTI 教育・人材育成 WG 最終とりまとめ】」（2022.4.1）
https://www8.cao.go.jp/cstp/tougosenryaku/11kai/siryo3_3print.pdf

・前田康裕著『まんがで知る　デジタルの学び 2　創造的な学びが生まれる
とき』（さくら社，2023）

掲載している URL はすべて2024年 6 月時点のもので，移動や変更になっている場合がござ
います。

【執筆者一覧】（執筆順）

岳野　公人　（滋賀大学）

石井　輝義　（立教小学校）

榎本　　昇　（森村学園初等部）

大和田伸也　（郡山ザベリオ学園小学校）

藤原　晴佳　（つくば市立春日学園義務教育学校）

不破　花純　（森村学園初等部）

外山　宏行　（近畿大学附属小学校）

荒谷　達彦　（瀬戸SOLAN小学校）

塚本　恵梨　（近畿大学附属小学校）

山下　若菜　（熊本市教育センター）

【編著者紹介】

岳野　公人（たけの　きみひと）
長崎生まれ。滋賀大学教育学部教授。
1994年長崎大学教育学部卒業（古谷吉男教授に師事）。1999年兵庫教育大学連合大学院（博士課程）中途退学（松浦正史教授に師事）。1999年金沢大学教育学部講師。2003年兵庫教育大学連合大学院において学校教育学博士を取得。2015年より現職。

VUCAの時代を生き抜く力を育む
未来の「学び方」

2024年10月初版第1刷刊	©編著者	岳　野　公　人
	発行者	藤　原　光　政
	発行所	明治図書出版株式会社

http://www.meijitosho.co.jp
（企画）新井皓士（校正）大内奈々子
〒114-0023　東京都北区滝野川7-46-1
振替00160-5-151318　電話03(5907)6701
ご注文窓口　電話03(5907)6668

＊検印省略　　組版所　日本ハイコム株式会社

本書の無断コピーは、著作権・出版権にふれます。ご注意ください。

Printed in Japan　　　　　ISBN978-4-18-268424-1
もれなくクーポンがもらえる！読者アンケートはこちらから →

これで安心 学校での対話型AI活用Q&A

筆野 元・村上仁志 著　明治図書

未来の教育に備える5²のQ&A

現代社会で急速な広がりを見せているChatGPT等の対話型ＡＩ。文部科学省のガイドラインにも基づきながら、学校での有効な活用方法から使用の際の注意点、すぐに使えるプロンプト実例まで、現場発の疑問をＱ＆Ａ形式で一挙解決します。

図書番号 2415・A5判・168頁・定価2,200円（10％税込）

明治図書　携帯・スマートフォンからは **明治図書ONLINEへ** 書籍の検索、注文ができます。▶▶▶

https://www.meijitosho.co.jp ＊併記4桁の図書番号（英数字）でHP、携帯での検索・注文が簡単に行えます。

〒114-0023　東京都北区滝野川7-46-1　ご注文窓口　TEL 03-5907-6668　FAX 050-3156-2790

先生のための Canvaハック60＋α

前多昌顕 著　明治図書

全仕事に役立つ万能ツール活用術

掲示物・動画作成、ワークシート、その他アプリとの連携等、学級経営にも授業にも日常業務にも役立つ万能ツール「Canva」。まずは先生が使い、子どもたちにも任せてみて、最後に授業に生かす。超具体的な図解＋動画解説付き特設サイトでフル活用への道程がわかる！

図書番号 3314・B5 判・144 頁，定価 2,486 円（10％税込）

明治図書　携帯・スマートフォンからは **明治図書 ONLINE へ**　書籍の検索、注文ができます。 ▶▶▶

http://www.meijitosho.co.jp　＊併記4桁の図書番号（英数字）でHP、携帯での検索・注文が簡単に行えます。

〒114-0023　東京都北区滝野川7-46-1　ご注文窓口　TEL 03-5907-6668　FAX 050-3156-2790